Porter mon bébé

COMPRENDRE, CHOISIR ET RÉUSSIR LE PORTAGE EN ÉCHARPE

Cécile Cortet
Céline Guerrand-Frénais
Photographies :
Anne-Sophie Bost

Minerva

SOMMAIRE

INTRODUCTION

Nous portons nos bébés neuf mois dans notre ventre, et pendant longtemps encore, nous les prenons dans nos bras pour leur parler, les transporter, les réconforter... Dans la vie moderne, concilier vie active et portage dans les bras est parfois difficile.

Un porte-bébé est un formidable outil pratique, pour les activités quotidiennes comme pour les déplacements. Avec ce mode de portage, de nombreux parents découvrent la simplicité et le plaisir d'être au contact de leur enfant, et une nouvelle manière de materner.

Le maternage des bébés est un vaste domaine où se mêlent la culture, les traditions, l'environnement...

Pour partir à la découverte du portage des bébés et de toute sa richesse, nous avons rassemblé dans cet ouvrage des informations venues de divers domaines, de l'anthropologie à l'histoire en passant par la puériculture et l'anatomie, afin de vous donner un éventail de réflexions le plus large possible.

L'apport d'informations claires, justes et précises peut compléter votre expérience, vos ressentis, vos connaissances et vous permettre de faire des choix éclairés, ce que ne peuvent pas faire de simples conseils.

N'hésitez pas à relire ce livre, à prendre du recul, à le poser et à réfléchir. Ensuite, libre

à vous de laisser de côté ce qui vous correspond moins et de vous approprier tout ou partie de ses conseils, de garder ce qui est important pour vous, et de mettre en pratique certaines idées avec votre bébé. Il n'y a pas de « bonnes pratiques », il y a ce qui est juste pour chaque parent et chaque enfant.
Il s'offre alors à vous la possibilité de faire des choix en accord avec vos convictions, avec vos principes et pour mieux répondre aux besoins de votre bébé.

C'est à vous de décider ce que vous souhaitez vivre avec votre enfant.

Ce livre a également pour objectif de répondre aux questions les plus habituelles, et met l'accent sur le respect du corps du bébé et de celui qui le porte. Comment porter les bébés ? Avec quel type de porte-bébé ? Comment faire pour les porter confortablement ? Dans quelle mesure le portage s'inscrit-il dans le développement des bébés ?
Nous vous proposons de découvrir quelques possibilités offertes par le portage et d'aborder les techniques d'utilisation, les critères de choix d'un porte-bébé...
Ce véritable savoir-faire et savoir-être gagne à être transmis. C'est pourquoi nous vous proposons à travers ce livre une première approche du portage, que vous pourrez compléter dans un atelier de portage, auprès d'une personne de soutien expérimentée.

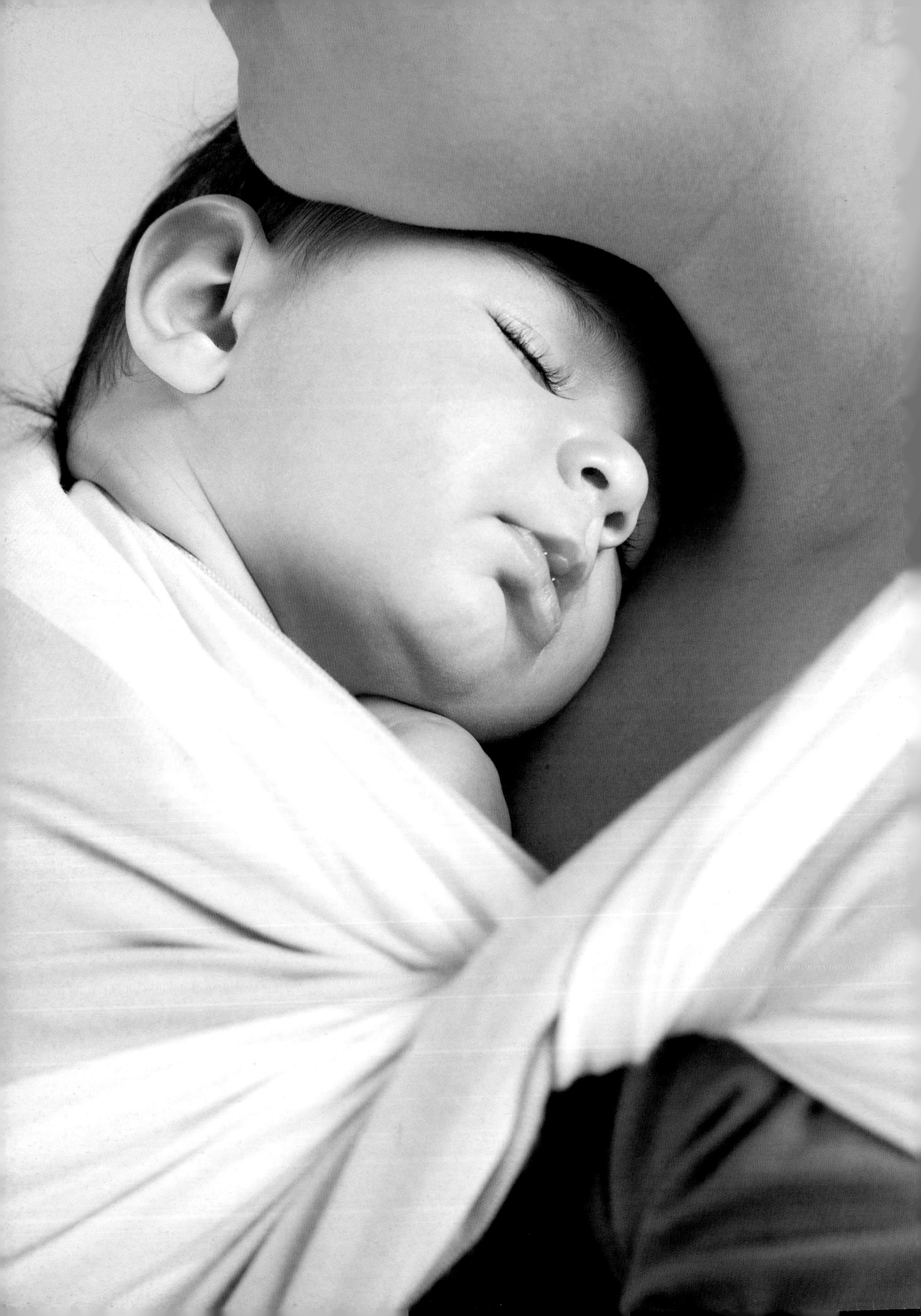

CHAPITRE 1

Les bases du portage

Les bébés sont portés partout dans le monde

Lorsqu'on étudie les pratiques de portage dans le monde, on observe que 75 % des bébés sont portés. Ils sont essentiellement portés par leur mère qui les nourrit au sein, mais aussi par la famille proche, la fratrie ou les membres du groupe familial.

Le bébé est tout à fait intégré dans la vie quotidienne, participant ainsi à la vie de sa famille. Sa mère poursuit ses activités agricoles, commerciales et domestiques tout en répondant et en s'adaptant aux besoins de son enfant. Il existe ainsi une mise en harmonie mutuelle aux rythmes de l'un et de l'autre.

On remarque aussi que presque partout dans le monde, la mère n'est pas astreinte aux tâches domestiques durant les 40 jours qui suivent la naissance. Cette période existe quasiment dans toutes les cultures. En France, une fête était autrefois organisée pour le jour des « relevailles », autour de la mère qui se lève de son lit. Chez les chrétiens, c'est la Chandeleur.

Partout, la mère est aidée, accompagnée par des proches aussi bien dans les tâches quotidiennes que pour l'apprentissage du maternage. C'est une notion importante, car on voit ici qu'elle est tout entière à la découverte de son nouveau-né et de son nouveau rôle.

Il existe plusieurs manières de porter les bébés : dans les bras, dans un tissu, dans un berceau... Des ethnologues ont étudié les différents modes de por-

tage dans le monde et l'on peut en observer deux grands types :

Le berceau rigide est utilisé généralement pour le bébé de moins de 6 mois ; il est fréquemment associé à des pratiques d'emmaillotement avec du tissu.

Indiens de la Californie aux États-Unis et Indiens de l'Oregon portant leurs enfants. Chromolithographie, début du XXe siècle.

Le portage avec un morceau de tissu est pratiqué dans de nombreux endroits du monde, notamment en Afrique, en Amérique du Sud et en Asie. Il existe certaines variantes : le bébé peut être plaqué dans le dos, ou bien suspendu dans un tissu qui s'appuie sur les épaules de la mère (parfois dans le dos, souvent sur le côté). Dans certaines régions du monde comme en Amérique du Sud, un filet ou une écorce sont utilisés pour porter les bébés.

Dans les cultures où la vie communautaire est forte, le tout-petit est pris en charge par tous, même si la mère reste le pilier central. La mère est soutenue dans les soins à son bébé par les femmes proches et la fratrie apporte également sa participation.

Ainsi observe-t-on fréquemment des aînés porter leur frère ou sœur et accompagner la mère dans ses activités. Ce partage des soins au bébé permet aux enfants de s'initier aux gestes du maternage en même temps qu'ils apprennent au contact des adultes les tâches habituelles de leur communauté.

Les temps de portage ne sont pas aussi longs qu'on le pense généralement. En effet, d'après les chercheurs qui ont observé certaines ethnies africaines, les temps de portage dans un porte-bébé en tissu ne représentent pas la majorité du temps passé avec l'enfant. Par exemple, pour un bébé de 2 mois, la durée maximale de portage dans le dos est inférieure à 7 heures par jour. Ensuite, la durée de portage diminue progressivement ; elle est de moins de 3 heures par jour pour un bébé de 1 an.

En fait, le bébé est souvent dans les bras, allaité, câliné, massé et finalement mis dans un morceau de tissu lorsque la mère a besoin d'avoir les mains libres, ou que l'enfant dort.

On voit alors que la durée de portage dans la journée est directement liée à l'évolution du bébé et notamment au rythme de son sommeil.

La mère choisit délibérément la manière de porter son enfant en fonction du stade de développement de son bébé, du mode d'alimentation (c'est-à-dire qu'elle décide de lui laisser ou non l'accès au sein) et de ses propres activités.

Le bébé est mis principalement dans le dos pendant ses périodes de sommeil et sur le côté lorsqu'il est éveillé, position qui lui permet de participer activement au monde qui l'entoure. Le bébé est généralement porté pendant un cycle de sommeil ; chez les nouveau-nés il dure entre 20 et 40 minutes environ. À son réveil, il est sorti du porte-bébé pour être nourri, changé ou pour jouer.

En ce qui concerne le temps de portage dans le dos, des ethnologues ont observé qu'il dure en moyenne 30 minutes (en pratique, de quelques minutes à une heure) et que les bébés y dorment pendant plus de 80 % de ce temps.

Les bébés sont donc portés sur des courtes durées et fréquemment sortis du porte-bébé. Les études

Une jeune maman portant son bébé de 3 mois sur son dos pendant qu'elle récolte le millet (village de Dokoro, Ouganda).

de l'Organisation mondiale de la santé (OMS) ont montré que les bébés étaient nourris en moyenne 8 à 12 fois par jour dans le monde entier, jusqu'à 2 ans environ, quel que soit le niveau de vie. Cela correspond tout à fait à ce qui a été observé à propos de la durée des portages qui sont plutôt courts et fréquents. Le bébé passe la plupart de son temps dans les bras, au sein, ou ensuite à découvrir le monde autour de lui (ramper, marcher...).

Le portage dans un porte-bébé installé sur le côté est choisi préférentiellement pour de courtes périodes, lorsque l'enfant est éveillé et pour des déplacements. Il est en général réservé aux enfants qui commencent à s'intéresser aux autres et ont déjà une bonne maîtrise posturale, c'est-à-dire qu'ils savent déjà s'asseoir tout seuls.

En revanche, porter devant est typiquement « occidental ». On ne retrouve pas ce mode de portage de façon traditionnelle dans d'autres endroits du monde.

Il est caractéristique de notre culture, car nous avons perdu un certain savoir ancestral du portage. En effet, l'apprentissage ne se fait plus tout au long de l'enfance et de l'adolescence par le portage des autres bébés de la famille. C'est pourquoi certains parents préfèrent porter leurs bébés devant pour les voir et rétablir le dialogue corporel avec leurs enfants.

Nos bébés dans les pays industrialisés

Les bébés, portés pour leur survie

Aux débuts de l'histoire de l'Homme, le portage répond avant tout à un besoin de sécurité : posé à terre, le nourrisson risque de mourir de froid ou d'être attaqué par un prédateur. Tous les primates portent leur nouveau-né. On sait que les contacts fréquents, rapprochés et les interactions enfant-adulte sont indispensables à une croissance optimale du cerveau. À travers le portage, ils ont participé au développement de nos capacités cérébrales.

Les soins au bébé, le peau à peau et le portage ont contribué à la modification du cerveau et à l'accroissement de sa taille. Le bébé est alors programmé pour crier dès qu'il est loin d'un adulte et pour être porté.

Histoire de la vie du Christ : La fuite en Egypte. Détail de la vierge Marie et de l'enfant Jésus. Peinture de Giotto di Bondone (1267-1337), 1303-1305.

Mère portant ses enfants, bas-relief égyptien datant d'environ 1300 ans avant J.-C.

Ainsi, on retrouve des systèmes porte-bébé depuis les tout débuts de l'humanité et sur tous les continents.

Dans le monde antique, la façon dont on s'occupe des bébés est très différente d'une région à l'autre, mais on retrouve des porte-bébés en Égypte et en Grèce.

Au cours du Moyen Âge, les bébés sont davantage allaités et portés que pendant les périodes qui ont suivi, et la mortalité infantile est plus basse qu'à d'autres époques plus récentes, notamment l'Ancien Régime. Le lien mère-enfant est valorisé dans la culture comme dans les images religieuses.

On connaît à cette époque le risque que comportent une séparation précoce et l'absence d'allaitement, c'est pourquoi tout est fait pour trouver un substitut à la mère si elle meurt.

Le début de l'éloignement des corps

C'est après le Moyen Âge que l'allaitement commence à se modifier, et l'on voit apparaître, notamment en France, les débuts de l'allaitement « mercenaire », autrement dit contre une rétribution financière. L'apparition des nourrices change la relation mère-bébé, en même temps que la culture évolue. Ces nourrices étaient au début réservées aux familles riches et hébergées sur place, mais par la suite toute une industrie se développe. Certaines peuvent travailler chez elles, les bébés de familles moins nanties sont alors envoyés sur les routes pour les rejoindre.

Le bébé qui était encore bercé et porté aux XVIe et XVIIe siècle commence au XVIIIe siècle à dormir dans un berceau. En effet, le sommeil partagé avec les parents est de moins en moins toléré, particulièrement en France où l'on craint des infanticides déguisés en étouffement.

Ces comportements nouveaux (moins d'allaitement, arrêt du sommeil partagé, diminution des contacts corporels) ont augmenté le taux de natalité et favorisé les naissances rapprochées et la séparation précoce. Le portage dans un tissu reste cependant encore très présent en France, pour des raisons essentiellement pratiques et parce que l'allaitement demeure malgré tout la norme pour la majorité des mères.

À la fin du XVIIIe siècle, un léger renouveau se manifeste, porté par certaines voix qui s'élèvent en faveur de l'allaitement maternel, d'une éducation plus humaniste et pour la liberté des corps. La mère devrait être considérée comme la mieux placée pour assurer les soins à son nouveau-né. Ces voix ne trouveront malheureusement pas écho dans tous les milieux.

L'hygiénisme en marche

Au XIXe siècle, de nouveaux modes de vie apparaissent, bouleversant les pratiques de puériculture. De grandes découvertes sur l'hygiène sont faites, à partir de 1850 avec Semmelweis, qui explique la transmission des maladies, puis avec Pasteur qui met en évidence les germes. Ces savants font naître un courant hygiéniste qui touche aussi la puériculture.

Au début du XIXe siècle, femme portant son bébé en écharpe.

On voit apparaître toutes sortes de recommandations sur la manière d'élever les bébés, d'autant plus que le corps médical acquiert de plus en plus de pouvoir. On commence alors à expliquer aux mères comment s'occuper de leurs enfants : comment les nourrir, comment imposer une régularité stricte des soins (bain, repas, sommeil...). Les bercements sont désormais déconseillés par crainte de donner de mauvaises habitudes. Nous sommes dans l'ère de l'éducation, la conscience du petit enfant en développement en est à ses débuts et c'est pourquoi on ne se contente plus de les laisser grandir, on souhaite les « former ».

Pour la santé des enfants, il est encore conseillé de les porter dans les bras à cause du risque de refroidissement. Dans tous les costumes traditionnels européens, on retrouve alors un morceau de tissu, généralement un châle ou un tablier, utilisé à diverses fins, et en particulier pour porter un bébé sur le côté.

Parallèlement à ce courant de pensée, le mode de vie des familles change. Au moment de la révolution industrielle, le prolétariat se développe et les mères sont de moins en moins disponibles pour leurs enfants. La transmission intergénérationnelle se perd et les femmes cherchent désormais les conseils dans la presse féminine et auprès des personnels de santé. De nombreuses mères commencent à travailler avec des horaires qui ne leur permettent pas de s'occuper de leurs enfants, qui sont alors élevés par les aînés de la famille. Le temps consacré au maternage se réduit et les enfants sont encouragés à acquérir de l'autonomie de plus en plus tôt, notamment pour le sommeil ou pour l'alimentation. On passe progressivement d'une dizaine de petits repas avec tétées pour le bambin[1] à seulement quatre repas par jour.

À cette époque encore, le lait de vache et le sevrage signifient maladie et mort pour de nombreux enfants ; c'est pour cette raison que la plupart des mères allaitent leur bébé. Pour soulager les mères, des crèches sont créées, à Paris vers 1840-1850, avec l'objectif de soutenir l'allaitement au sein.

« Avant le bal » : une mère en tenue de soirée nourrit son enfant au sein avant de sortir avec son mari et laisser le bébé à la servante. Édouard Debat Ponsan, 1886.

Les femmes qui travaillent viennent nourrir leur enfant sur place.

À la fin du XIXe siècle, le landau apparaît. Il se développe de plus en plus, passant des familles les plus aisées à toutes les couches de la société. On observe alors une certaine perte du maternage et du contact.

L'apparition de courants de pensée béhavioristes, dans les premières années du XXe siècle, impose l'idée selon laquelle l'apprentissage se fait par le conditionnement. L'enfant doit apprendre à rester seul, la mère doit savoir l'éduquer afin de lui donner de « bonnes » habitudes. L'accouchement à l'hôpital devenant plus fréquent, le premier contact corps à corps avec la mère diminue. Vers les années 1950, ce processus s'accélère et la majorité des naissances a désormais lieu en milieu hospitalier. Parallèlement, les laboratoires de fabrication de lait de vache modifié pour bébé progressent et améliorent leurs tech-

[1] Nous appellerons bambin le petit enfant qui marche, de moins de 3 ans.

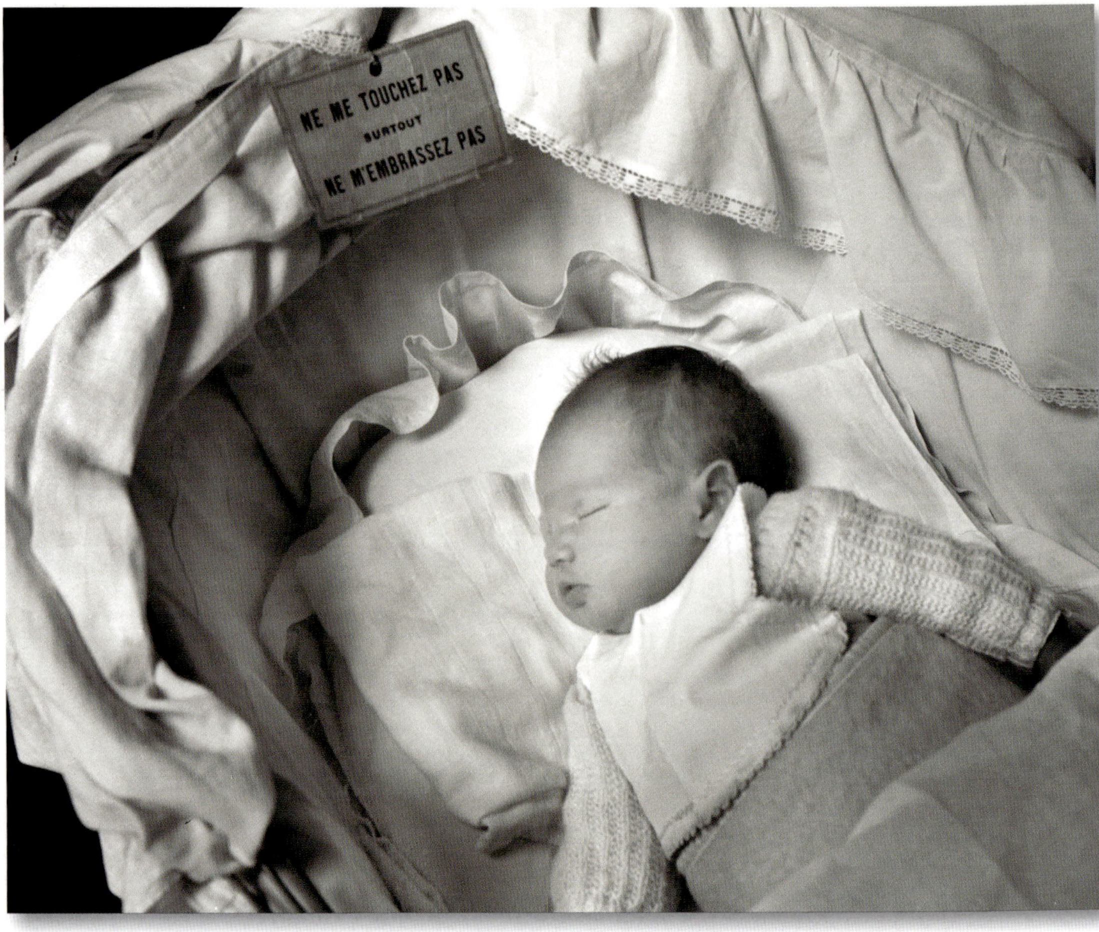

Nouveau-né dans les années 1950 en France.

niques de vente. Avec son entrée massive dans les maternités, l'utilisation de ce lait se généralise d'autant plus que les laboratoires eux-mêmes financent les formations continues des personnels de santé.

Les produits de puériculture se développent, avec parallèlement une diminution de la proximité mère-enfant : au lieu d'être dans les bras, le bébé est dans une chaise haute, dans une poussette, voire dans un transat de bain. Le portage des bébés évolue alors complètement.

Le regain d'intérêt pour les bébés

Dans les années 1970, un nouveau courant commence à se développer. Après des années d'incompréhension, on commence à étudier, observer et analyser le comportement du bébé et de l'enfant. Les connaissances médicales deviennent plus précises, notamment en ce qui concerne les hormones et leur action sur le bébé comme sur la mère.

Le Dr Hassenstein, spécialiste en biologie comportementale, nous fait comprendre pourquoi le bébé humain est un animal qui a besoin d'être porté. En Colombie, pour assurer la survie des prématurés, on les met au contact de la peau de leurs parents jour et nuit et avec un allaitement au sein. On obtient des résultats meilleurs qu'en médecine classique lorsque le bébé est nourri au lait de vache modifié et placé en couveuse. C'est la méthode kangourou, développée par le Dr Nathalie Charpak. De nombreux psychologues commencent à s'intéresser à la question du lien mère-enfant : le contact précoce et prolongé apparaît comme nécessaire au développement de l'enfant.

Certains gynécologues comme le Dr Leboyer et le Dr Odent voient aussi les effets des naissances respectées sur les bébés et leur développement, autant que sur la santé des femmes.

Les pédiatres élaborent des grilles d'étude, observent les bébés, tels le Dr Brazelton aux États-Unis ou Françoise Dolto en France.

Si le bébé est désormais considéré comme une personne, il faudra cependant attendre les années 1980 pour que soit reconnu son droit à être nourri de façon optimale (c'est-à-dire au sein) et à recevoir des soins adaptés. La Déclaration des droits de l'enfant et les diverses protections internationales de l'enfance sont créées, les besoins des bébés sont mieux connus et pris en compte, par les soignants comme par les familles.

Les porte-bébés se développent. Plus ou moins étudiés en fonction de la morphologie des bébés et des parents, ils permettent à de nombreuses mères de vivre pleinement leur maternage et leur allaitement. La Leche League, association internationale apparue à la fin des années 1950, soutient l'allaitement maternel, diffuse de l'information, et propose des porte-bébés aux mères du monde entier : le Porte-Callin®.

Parallèlement, depuis les années 1970 en Allemagne, apparaissent des porte-bébés différents, issus d'un mélange de cultures et adaptés au mode de vie occidental : ce sont les écharpes de portage.

Erika Hoffman, mère de jumelles et ayant vécu en Amérique du Sud, développe les premières écharpes de portage sous la marque Didymos. Depuis, les écharpes de portage et leurs dérivés, les slings, vont subir des améliorations en termes de fabrication et de techniques de nouage. Aujourd'hui, elles sont étudiées dans de nombreux centres de soin et largement adoptées par les familles, notamment grâce aux réseaux associatifs qui informent, soutiennent et accompagnent les parents dans leur maternage.

Un cours de portage.

NOS BÉBÉS SONT FAITS POUR ÊTRE PORTÉS

Le petit d'homme naît immature

Du point de vue des anthropologues

Le cerveau du bébé humain est très particulier et même unique chez les mammifères. Il est neurologiquement immature et ne représente à la naissance que 25 % de la taille adulte. En seulement une année, le bébé voit son cerveau doubler, et cela explique d'ailleurs ses besoins alimentaires. En effet, la croissance du cerveau nécessite de gros apports de matières grasses et en particulier de certains acides gras, qui se retrouvent uniquement dans le lait de sa mère. Des apports réguliers et fréquents vont ainsi participer à la croissance spectaculaire du cerveau qui lui permet d'atteindre 90 % de la taille adulte à 3 ans.

Les connaissances actuelles permettent d'affirmer que cette spécificité cérébrale trouve ses origines dans l'acquisition de la bipédie. En effet, la forme du bassin a dû s'adapter afin de permettre à l'humain de rester vertical toute la journée. Cette adaptation a entraîné une modification des tractions musculaires et des contraintes sur le bassin, le rendant plus étroit. Parallèlement, la bipédie a libéré les bras et les mains, ce qui a joué sur les connexions cérébrales et sur le volume du cerveau.

Dans la nature, la durée de grossesse des mammifères est proportionnelle à leur âge de maturation sexuelle. Chez l'humain, malgré l'augmentation du volume crânien du bébé et l'apparition plus tardive de la maturité sexuelle, la grossesse ne s'en est pas trouvée allongée.

Le bébé humain naît « prématuré » par rapport aux autres primates.

D'après de nombreux anthropologues, parmi lesquels Yves Coppens, qui a particulièrement étudié les débuts de l'humanité, la durée de gestation qui permettrait à l'homme d'être au même niveau de finition qu'un bébé chimpanzé serait de 18 mois au total ! La croissance du cerveau humain est telle qu'un bébé de cet âge ne pourrait plus passer le bassin maternel. Les bébés humains naissent donc en avance et vont continuer la croissance hors utérus, c'est-à-dire dans les bras.

Du point de vue des neurologues

La croissance du cerveau pendant la grossesse est intense, notamment jusqu'à 7 mois et demi. Pendant cette période, c'est surtout le cerveau dit « inférieur » qui se développe. Appelé aussi reptilien ou archaïque, ce cerveau est issu de l'évolution et nous le partageons avec d'autres espèces animales.

C'est lui qui conditionne les réflexes archaïques du bébé et permet sa survie. Il est notamment responsable de la motricité réflexe et du maintien de la posture du bébé.

Progressivement, en fin de grossesse et pendant quelques semaines après la naissance, une phase de transition permet au cerveau « supérieur » de prendre le dessus. C'est le passage d'une motricité réflexe à une motricité volontaire. Le bébé va pouvoir modérer ses réactions posturales en hyperextension et commencer à appréhender la motricité fine (celle qui nous permet de manipuler de petits objets ou d'écrire).

LE SAVIEZ-VOUS ?

Grâce à ses composants spécifiques, aux interactions qu'il permet avec la mère et aux hormones qui entrent en jeu lors de la tétée, le lait maternel participe activement à la croissance du cerveau les trois premières années de la vie.

Au cours de la première année, le volume du cerveau est multiplié par deux, et son développement se poursuit tout au long de l'enfance. Ce sont les interactions avec le monde extérieur qui permettent la maturation du cerveau supérieur jusqu'à l'âge adulte (environ 21 ans).

LE SAVIEZ-VOUS ?

L'observation de l'activité électrique du cerveau a montré une évolution importante autour de 9 mois, son fonctionnement se rapprochant de celui de l'adulte. Cette transition apparaît au moment de la fin de notre « gestation ex utero ».

Pour Suzanne B. Robert-Ouvray, psychothérapeute, psychomotricienne et kinésithérapeute, l'immaturité des premiers temps, notamment motrice, fait vivre à l'enfant un état de grande dépendance. Elle est à l'origine de crispations musculaires (angoisses, pleurs) suivies d'états de détente (béatitude, plaisir).

Ces vécus corporels extrêmes sont des limites qui dépendent à la fois de l'hérédité du bébé et de la qualité de réponse de l'environnement (parents, famille).

Avec le développement neurologique et la dominance progressive du cerveau supérieur, le tonus des muscles du corps va s'équilibrer et ces sensations de tension/détente vont disparaître. C'est cette bipolarité qui permet à l'enfant de se construire, de créer des limites à ses espaces corporel et psychique.

Compte tenu de l'immaturité de son cerveau, le bébé a besoin que ses parents gèrent le monde externe pour lui et l'aident à accepter les sensations. Les parents ont alors un rôle de protection et de régulateur des tensions. L'empathie et la tendresse des parents participent entre autres à la construction du cerveau supérieur de l'enfant en donnant du sens à ce qu'il vit.

Le portage va participer à la maturation du cerveau du bébé en lui assurant protection et équilibre.

Le corps de la mère, lieu d'accueil

Après la naissance, les compétences du bébé sont essentiellement tournées vers sa mère, qui assure sa survie.

Le bébé qui naît aujourd'hui est programmé comme celui d'il y a 10 000 ans au moment où l'homme s'est sédentarisé. C'est aussi le même qu'à ses débuts, il y a 100 000 ans.

Le bébé pleure et crie afin d'être pris dans les bras, car c'est le lieu idéal pour continuer sa croissance.

C'est Nils Bergman, médecin spécialisé dans les soins aux prématurés en Afrique du Sud, qui introduit la notion de « corps de la mère-habitat naturel » du bébé. Ses travaux en santé publique ont également montré l'intérêt du lien mère-enfant dans la promotion de la santé.

Avec l'idée que la grossesse est écourtée et le bébé immature, vient en effet l'idée d'une grossesse *ex utero* qui durerait un peu moins d'une année.

Pendant cette période, le bébé a besoin de contacts rapprochés et répétés pour la maturation de son cerveau et celle de son système de défense. Le portage et la proximité jour et nuit permettent alors de répondre à ce besoin au quotidien.

LE SAVIEZ-VOUS ?

La poitrine de la mère qui allaite est tout à fait adaptée pour protéger son bébé, même prématuré, puisqu'elle est capable de prendre 2 degrés de température si le bébé a froid et d'en perdre un s'il a chaud, en quelques instants, ce qu'aucune couveuse du monde n'est capable de faire !

Le petit porté grandit de façon optimale sur le corps de sa mère, habitat naturel du bébé.

En fait, sur le corps de sa mère il est autonome :
- d'un point de vue alimentaire puisqu'il est capable de chercher le sein tout seul, de stimuler et entretenir la lactation de sa mere ;
- au niveau de sa température puisque le corps de la « nouvelle » mère assure une certaine continuité thermique ;
- son oxygénation s'adapte par le peau à peau ; les bébés réchauffés ont une meilleure oxygénation et un taux de sucre dans le sang plus stable ;
- au niveau de son système immunitaire puisqu'il peut réclamer le sein souvent et renouveler ses défenses, le lait maternel étant avant tout un moyen de protection. On sait maintenant que la plupart des éléments qu'il contient ont d'abord un rôle défensif, puis sont digérés et servent de nourriture au bébé ;
- son cerveau est stimulé par les nombreuses interactions, les stimulations des sens (vue, odorat, ouïe, toucher), les mouvements du corps ;
- il récupère la bonne flore bactérienne de sa mère : sélectionnée et adaptée à son profil génétique, elle va le protéger en attendant qu'il fabrique ses propres défenses. En effet, le bébé naît entièrement stérile, sa peau et son tube digestif ne contiennent pas de microbes. Il naît face à l'anus de sa mère, et va récupérer sa flore et protéger ainsi son intestin d'une colonisation indésirable. De même, sa peau va être colonisée par la flore cutanée de sa mère au fur et à mesure des contacts.

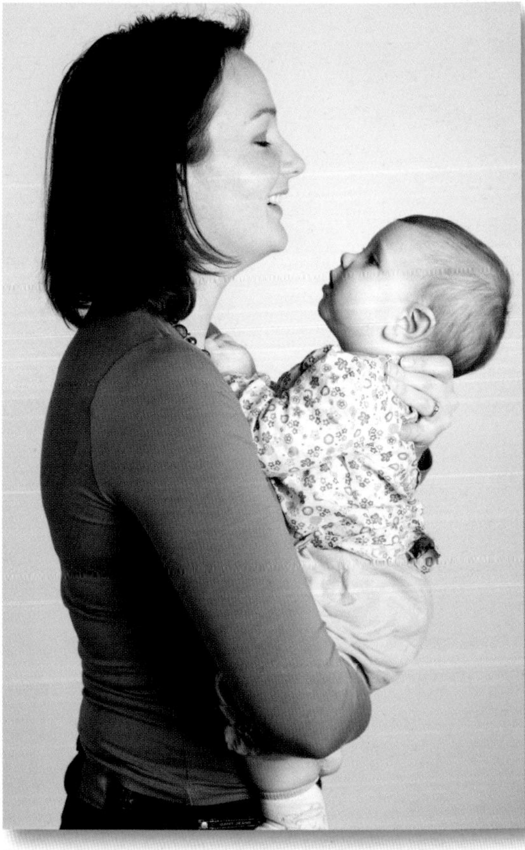

Le plaisir d'être porté.

Les compétences de mon bébé

Le bébé humain : un petit porté par nature

Tous les mammifères ne sont pas aussi immatures que les bébés humains. Les chevaux et les éléphants, par exemple, sont capables de marcher dès la naissance, se nourrissent seuls et sont protégés par le groupe.

Cette constatation a permis au Dr Hassenstein de démontrer, lors de ses travaux en biologie comportementale, combien les bébés étaient biologiquement programmés pour être portés. En 1970, il a pu établir trois catégories biologiques de petits chez les animaux (mammifères et non-mammifères).

- Certains bébés naissent matures, se nourrissent seuls et restent auprès de leur mère jusqu'à la puberté : ils sont nidifuges. C'est le cas des chevaux, des vaches, des chèvres...
- D'autres bébés naissent très immatures, sont protégés par un nid et absorbent une nourriture très énergétique qui leur permet d'attendre entre les repas. En l'absence des parents ils ne crient pas : ils sont nidicoles. C'est le cas des oiseaux, mais aussi des lapins, des félins, etc.
- Les primates et les marsupiaux ont un fonctionnement tout à fait différent. Ils ont absolument besoin de la présence adulte pour continuer à grandir, leur lait est rassasiant pour de courtes durées, ils pleurent lorsqu'ils sont seuls et ils sont immatures à la naissance : ce sont les petits portés. Les marsupiaux (kangourous, koalas) sont totalement passifs ; ils se laissent porter dans la poche, allaités en quasi continu, et ne la quittent qu'à la puberté : ce sont des *portés passifs*. Les primates (singes, gorilles) s'accrochent tout seul à leur mère, font des signes, réclament à téter et quittent leur mère à la puberté : ce sont des *portés actifs*.

Les bébés humains naissent plus immatures que les autres primates, réclament à téter, ont gardé

certains réflexes d'agrippement, mais ont besoin d'être soutenus par les bras de leur mère.

Le bébé humain est un petit porté passif qui participe activement.

Le petit va trouver des appuis sur le corps de l'adulte qui lui offre un accueil idéal pour s'accrocher activement.

- Installé sur le côté, le bébé pose son bassin sur les crêtes iliaques (qu'on appelle couramment la hanche), qui constituent un appui. Ce soutien de la base de l'enfant l'amène à arrondir son dos ; la forme de l'os l'invite à un positionnement idéal pour ses hanches en lui permettant de se mettre en position accroupie. L'arrondi de notre cage thoracique est un appui sur lequel il peut s'agripper, comme on s'agrippe à un arbre.

Les primates et l'humain, qui ont les deux bras libres pour porter leurs bébés, ont également les glandes mammaires situées à la même hauteur, une caractéristique physiologique qu'ils sont seuls à partager. Leur position est idéale pour permettre à ces petits de téter.

– Installé haut sur le dos, l'arrondi de notre colonne dorsale et de notre cage thoracique lui permet également cet appui, en l'invitant à remonter ses jambes et à poser son bassin contre notre dos.

Notre structure osseuse d'adulte offre des points d'appuis et un soutien à notre bébé afin qu'il puisse s'accrocher à nous.

La position accroupie et les réflexes archaïques

Quand on observe le bébé, on voit qu'il a gardé de notre évolution et de nos ancêtres primates ses réflexes d'agrippement et qu'il est programmé pour s'accrocher à la personne qui s'en occupe.

Le bébé humain ferme les mains et les pieds pour s'agripper, de manière si efficace qu'on peut soulever le nouveau-né quand il est accroché à deux doigts.

Cet agrippement fait partie d'une série de réflexes dits « archaïques » que tous les bébés humains possèdent à la naissance. L'humain n'a plus la riche pilosité de ses ancêtres mais le bébé est toujours programmé pour s'accrocher, car c'est encore une question de survie.

S'accrocher au corps de l'adulte permet au bébé de continuer de grandir, et tous les bébés humains sont programmés pour cela.

Pour certains auteurs, comme Imre Hermann, la nécessité de s'accrocher est telle que la perte des poils nous a forcées à trouver une solution pour garder nos petits contre nous (inventions de porte-bébés) et ainsi éviter des troubles de l'attachement. Cela a d'ailleurs été étudié par de grands psychologues comme Donald Winnicott ou John Bowlby.

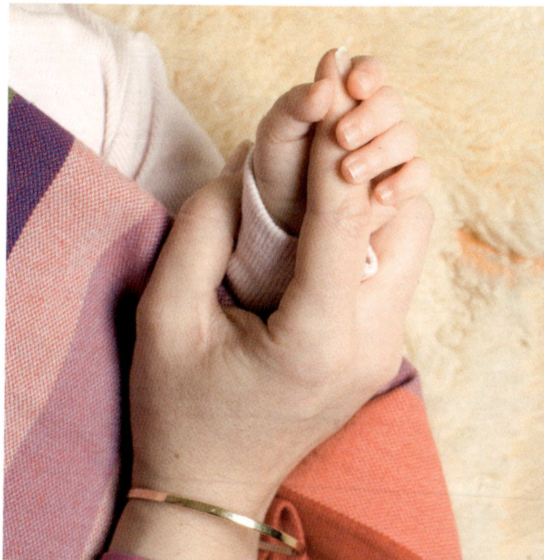

Le réflexe d'agrippement.

Le bébé participe activement à son portage.

Le bébé garde aussi une faculté intéressante, celle de se mettre en position pour aider l'adulte à le porter.

Lorsque l'on porte un nouveau-né, on observe qu'il se met naturellement en position accroupie et que son dos s'arrondit. Il est alors en contact étroit avec la personne qui le porte et peut s'accrocher à lui avec ses bras et ses jambes.

C'est parce que son cerveau supérieur est encore immature que le bébé utilise son cerveau inférieur en cas de situations « à risque ». Le cerveau inférieur permet au bébé de se protéger grâce à la motricité involontaire et aux réflexes archaïques. Cependant la mise en jeu de ces réflexes se fait lorsque le bébé est en danger, et qu'il se met en état de stress.

Nous pouvons par exemple citer le réflexe de Moro : quand le bébé est loin d'un adulte et entend un gros bruit, il se réveille d'un coup en écartant les bras. Ce stress lui permet d'atteindre un état de veille et de pleurer pour que quelqu'un vienne le chercher. Ce réflexe est nécessaire dans une vie de nomade où le danger d'être seul est très grand.

On sait maintenant que ces états de stress sont à éviter pour le confort de l'enfant, pour son bien-être, sa sécurité et afin de lui permettre de développer son cerveau supérieur.

Il peut être intéressant alors de garder bébé près de soi, en veillant à ne pas stimuler les réflexes en attendant que sa motricité volontaire et son cerveau supérieur (vers 3 ou 4 mois) soient suffisamment développés.

Dans de nombreux pays, on utilise l'emmaillotement quand le bébé n'est pas dans les bras afin de limiter ces réflexes désagréables, cela permet de le contenir sans le contraindre et de freiner ses réflexes archaïques.

Le portage dans les bras permet de lui offrir une contenance enveloppante. Porter son bébé de façon physiologique dans un porte-bébé va lui procurer les mêmes avantages.

Le pédiatre Albert Grenier, spécialiste de la prématurité et initiateur des recherches sur le développement des nouveau-nés, avait observé cela dès la fin des années 70.

Les prématurés et les nourrissons soutenus (avec un fort soutien de la base et de la tête) ont de « surprenantes attitudes de participation active », ils laissent exprimer leurs compétences sensorielles et motrices sans être interrompus par la motricité réflexe.

Le bébé bien soutenu nous montre ses competénces : il sait imiter.

Terry Brazelton, pédiatre américain, a également observé que la communication avec les bébés ne pouvait se faire qu'avec un soutien ferme au niveau des fesses et entre les omoplates pour assurer un

COMMENT EMMAILLOTER MON BÉBÉ ?

L'emmaillotement est prévu pour de courtes durées, par exemple le temps de prendre une douche.

1 Avec une serviette pour bébé : la capuche offre un point d'appui à la tête et rassure le bébé. On peut décider de lui mettre les bras dedans, ce qui limite le réflexe de Moro.

A

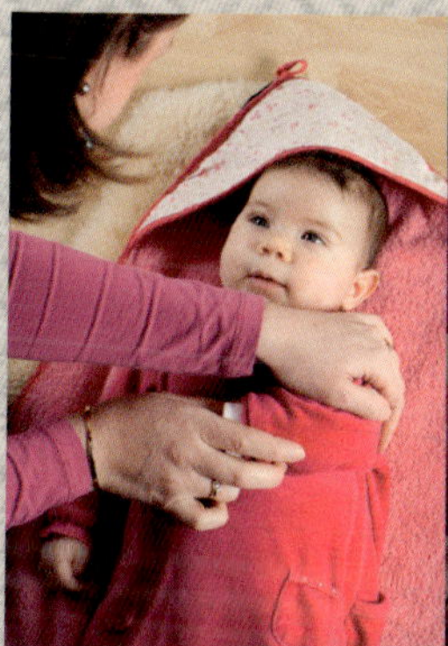

B

C

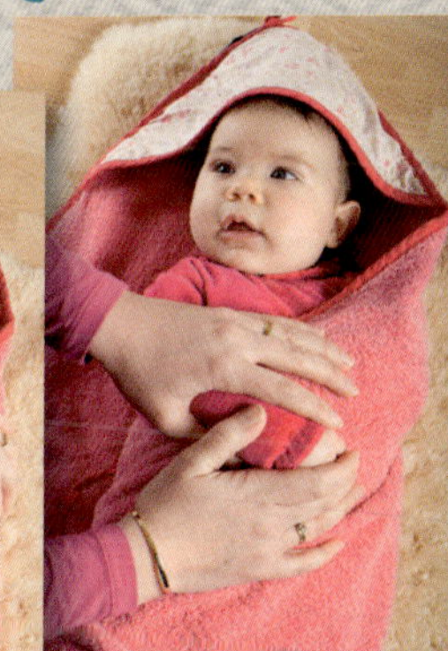

2 Les bras du bébé sont posés sur sa poitrine, en englobant son épaule et en suivant le mouvement naturel du bras. Bien serré, les pans viennent les recouvrir et se coincent sous le bébé.

3 Le bas de la serviette est rabattu sur les jambes, de façon à le rassurer et le contenir sans limiter ses mouvements.

A

B

C

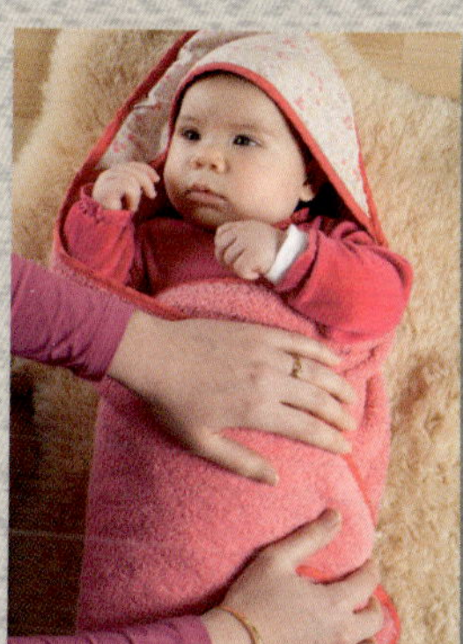

4 On peut aussi laisser les bras dehors ; cela permet au bébé de mettre ses mains près de sa bouche, ce qui le rassure et l'accompagne dans la découverte de son environnement.

PRENDRE SON BÉBÉ DANS SES BRAS

En soulevant votre bébé pour le porter dans vos bras, vous pouvez le soutenir au niveau de la nuque mais aussi au niveau de ses fesses, afin de lui apporter soutien et réconfort et de lui permettre de participer pleinement.

A

B

C

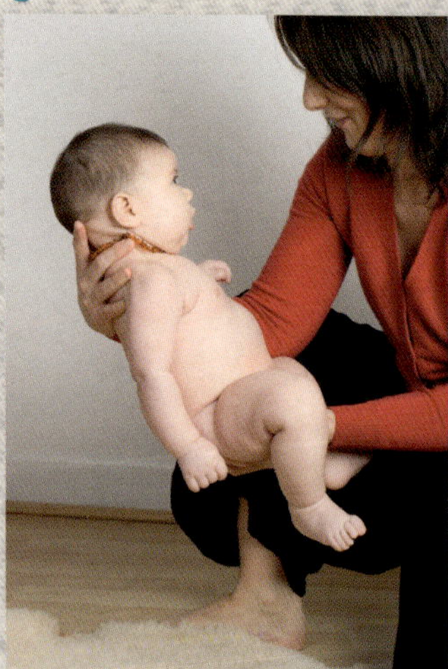

D

E

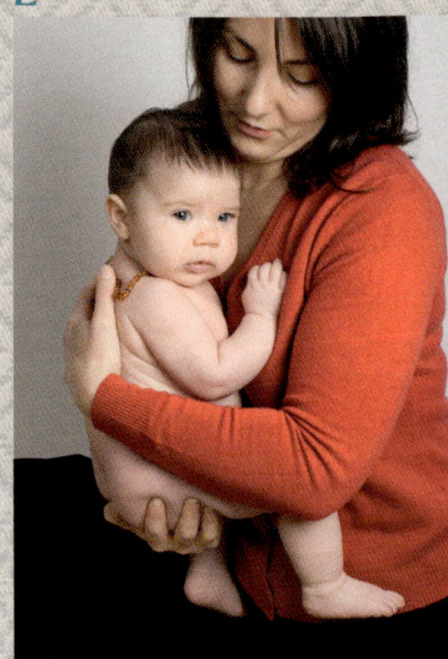

maintien de la tête. C'est aussi ce que nous montre l'haptonomie de Frans Veldman. Soutenu dans sa base, le bébé nous montre qu'il est déjà programmé pour se mettre debout : il se redresse quelques instants.

Lorsque le bébé est accompagné, soutenu fermement par les fesses et entre les omoplates, cela lui permet d'exprimer toutes ses compétences.

Ce soutien est utile pour communiquer avec lui, mais aussi pour l'aider à apprendre à téter, ou tout simplement pour l'accompagner au quotidien.

Quand un nouveau-né est installé en peau à peau, avec un appui sous les fesses, en le caressant dans le dos assez fermement, cela lui permet de se sentir suffisamment soutenu pour chercher et trouver seul le sein de sa mère ; il met ainsi en jeu toutes ses compétences, motrices et sensorielles. On observe donc que le bébé humain a une immaturité toute relative. Lorsqu'il est placé dans les conditions pour lesquelles il est programmé, sur le corps de l'adulte et avec des appuis adéquats, il nous montre ses capacités motrices. Il se tient quasiment seul et adopte des comportements adaptés lui permettant de répondre à ses besoins fondamentaux, comme l'allaitement ou les interactions.

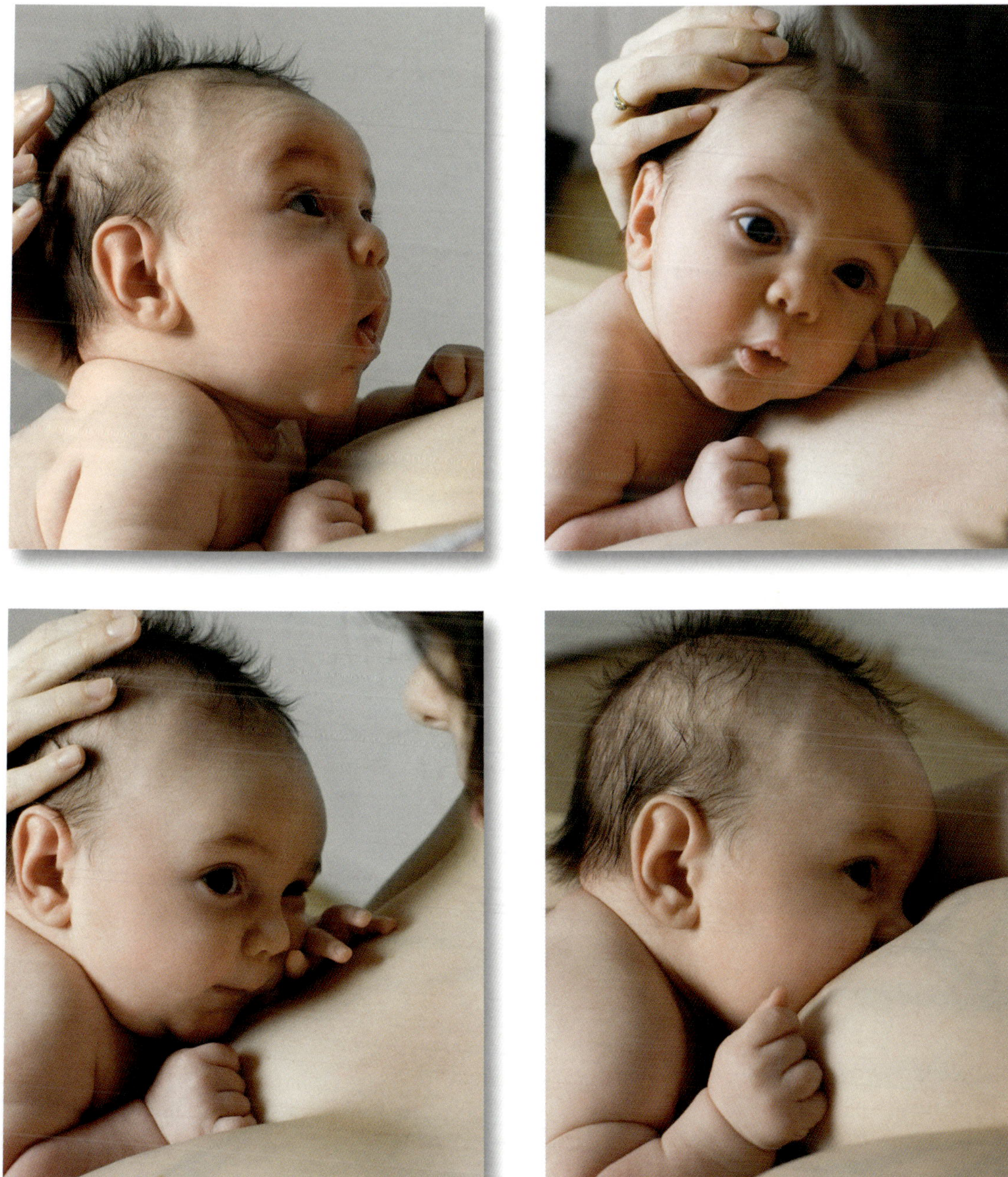

Le bébé soutenu est capable de téter seul.

Les postures de mon bébé

À la naissance

À cause de l'immaturité de son cerveau supérieur, le bébé est dépendant de son cerveau primaire à la naissance. Son corps est globalement hypotonique, peu musclé et ses membres sont toniques.

Il adopte naturellement une posture enroulée, ou fœtale, qui rappelle un peu la position de son corps dans le ventre de sa mère.

Elle lui donne un repère contenant et le rassure. Il est donc important de laisser bébé dans cette position les premiers mois, jusqu'à ce qu'il soit capable de se retourner seul.

L'haptonomie nous montre que soutenir la base du bébé et favoriser son enroulement lui permet d'entrer en relation avec le monde qui l'entoure et de découvrir ses sensations.

COMMENT PERMETTRE À MON BÉBÉ DE S'ENROULER ?

- **Être soi-même en enroulement car les bébés imitent les postures et les mimiques des adultes ;**
- **Avoir soi-même de bons appuis (assis avec le bassin bien calé), le dos soutenu, ou bien équilibré sur ses pieds, pour lui offrir des points d'appui stables ;**
- **Proposer un soutien ferme de sa base et de son dos.**

Son développement

Lorsqu'on prend un bébé dans nos bras, il se positionne naturellement membres fléchis, accroupi et le dos totalement arrondi. Les bébés à la naissance n'ont pas le dos mature, leurs muscles vont se tonifier progressivement.

Le bébé va progressivement découvrir le monde, se muscler et adopter de nouvelles positions. Au départ, la position d'enroulement lui permet de maintenir sa tête dans son axe. En prenant appui sur son axe (c'est ce que vous lui permettez de faire en le soutenant à la base et dans le dos), il va pouvoir tourner sa tête, observer le monde et entrer en interaction avec son entourage. **C'est seulement le bassin stable que votre bébé peut correctement tourner sa tête et rassembler ses mains vers lui. Vous pouvez l'accompagner dans cette découverte avec votre main, et faire basculer un peu son bassin.**

Ensuite, il va être capable de tendre les bras vers des objets, et ainsi d'expérimenter les torsions au niveau des épaules. Cette découverte lui permet de se retrouver sur le côté, jusqu'au passage à la position sur le ventre. Il va pouvoir s'appuyer sur ses avant-bras pour relever le buste. Il est important de respecter le développement spontané du bébé, car si on le place sur le ventre trop tôt, il sera obligé de se mettre en tension sur son axe pour relever sa tête (en tirant son dos vers l'arrière), car il n'est pas capable de s'appuyer sur ses avant-bras, sa poitrine ou ses coudes. La découverte de la posture sur le ventre va permettre au bébé de développer ses muscles dorsaux, ceux qui se trouvent tout en haut du dos et qui lui donnent sa forme arrondie.

ET SI MON BÉBÉ NE S'ENROULE PAS ?

Les bébés qui ne s'enroulent pas, en général, se tiennent en arrière, remuent beaucoup les pieds et les bras, car ils cherchent des appuis stables.
Il peut y avoir beaucoup de raisons pour que votre bébé ait du mal à s'enrouler. On sait qu'il est intéressant pour lui et pour vous de l'aider à se rassembler, cela aura un impact sur son développement comme sur son comportement (bébé plus calme, plus serein).
Vous pouvez essayer :

- de le prendre dans vos bras en l'enroulant et en le contenant, en l'installant dans un porte-bébé qui l'enroule et le soutient ;

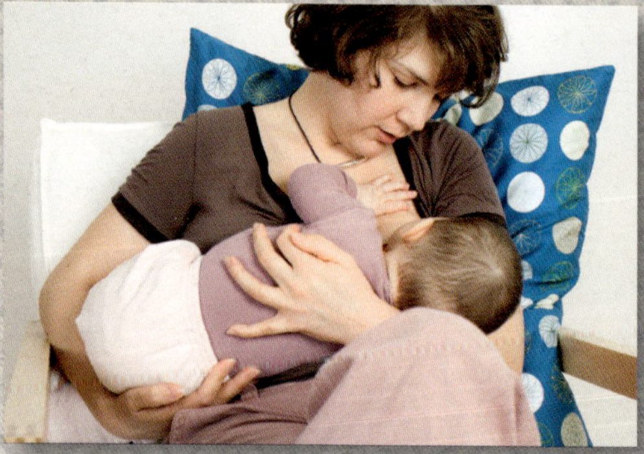

- de le changer sur le côté ;
- de lui installer une serviette roulée sous les cuisses dans son lit ;

- éventuellement, de chercher ce qui l'en empêche auprès de spécialistes : ostéopathie, méthode des chaînes musculaires GDS, psychomotricité, psychologue... (adresses en fin d'ouvrage).

En grandissant, il expérimente sur le dos les mouvements de son bassin, en prenant appui sur son sacrum (le haut des fesses).

Pendant cette phase, le bébé va mettre ses muscles lombaires en action (capacité à se cambrer), commencer à se retourner à partir du bassin, s'enrouler (pieds à la bouche). Ensuite, il écarte les membres et débute le rampement.

En continuant à se muscler et à se stimuler, parallèlement à sa soif de découverte, le bambin va tonifier sa colonne et coordonner ses mouvements pour acquérir la position assise, puis le « quatre pattes ».

Sa colonne va progressivement acquérir la forme de S et l'enfant va pouvoir se mettre debout, en utilisant ses appuis et grâce à la musculation de son dos, puis les mouvements coordonnés vont lui permettre de marcher.

On voit que la musculation et la coordination se font très progressivement au cours de la première année d'un enfant. Tous les bébés humains passent par les mêmes étapes, mais la durée pendant laquelle ils restent à une étape est variable d'un enfant à l'autre.

Respecter l'enfant dans ses phases de maturation est essentiel, d'où l'importance de ne pas contrarier l'arrondi naturel du dos du nouveau-né quand on le porte.

Même lorsque l'enfant grandit, il doit pouvoir arrondir son dos lorsqu'il est porté et qu'il dort : les muscles dorsaux, en se détendant, ne soutiennent plus sa colonne.

Le non-respect du rythme de l'enfant peut le conduire à des situations délicates pour lui : surstimulation, hypertonicité... Installer un enfant dans une position qu'il ne maîtrise pas encore seul, c'est l'amener à une tonicité en excès pour compenser l'immaturité de son système nerveux central. L'enfant va se trouver en surtension pour répondre aux attentes de l'adulte.

C'est par exemple le cas lorsque l'on assoit le bébé en le calant avec des coussins alors qu'il ne sait pas encore se retourner et s'asseoir seul, lorsque l'on veut le faire marcher alors qu'il ne sait pas se mettre debout seul, lorsque l'on le porte face au monde, dos cambré...

L'enfant surstimulé aura de grandes difficultés à contenir son excitation, paraissant au début « content » ou « exalté » par sa posture, puis va se retrouver en trop-plein avec des épisodes de pleurs, des accès de colère, des énervements... pour évacuer toutes ces tensions.

LES AVANTAGES DU PORTAGE

Pour le bébé

Le portage rassure le bébé

Porté, le bébé se sent en sécurité. Dans les bras, bien soutenu, ou confortablement installé dans un porte-bébé, il peut se rassembler, se sentir contenu.

Ces sensations lui permettent de sentir ses limites corporelles. Cela le rassure car la conscience de son corps se fait très progressivement, au rythme de ses apprentissages moteurs. C'est seulement quand il va commencer à se déplacer, à ramper, que les espaces qu'il explore vont lui permettre de comprendre les limites de son corps.

Les sensations dans le porte-bébé sont connues, proches de celles ressenties dans l'utérus. Il va pouvoir entendre les battements du cœur de celui qui le porte, les voix de sa famille, ressentir la chaleur et retrouver l'odeur qui lui était déjà familière *in utero*, en goûtant le liquide amniotique. Les bébés sont tout à fait capables à la naissance de reconnaître l'odeur de leur mère et celle du lait maternel. Portés par leur mère, ils sont dans une odeur « connue » ; portés par un proche, ils apprennent rapidement à « décoder » son odeur.

Le portage participe à l'élaboration du langage et à l'intégration sociale

Le bébé porté bien haut, en particulier sur la hanche et le dos, peut voir et entendre de très près les modulations du langage. Sur le côté, il est suffisamment proche pour voir le placement de la langue dans la bouche, percevoir les intonations particulières de sa langue maternelle. Cela participe à l'apprentissage du langage et des sons. Il est à bonne hauteur pour observer les relations humaines, les conversations et ainsi apprendre la communication avec les autres.

Le portage va participer à l'apprentissage social et culturel du bébé

Il est intéressant de remarquer que l'on ne s'adresse pas à un bébé de la même façon selon qu'il est en poussette ou bien porté (dans les bras ou en porte-bébé). Généralement, les gens approchent très près leur visage du bébé en poussette et modifient fortement leur langage. Le bébé est passif, il ne peut que difficilement s'éloigner ou refuser le contact. Inversement, dans les bras, les gens adoptent plutôt une distance de discussion normale, propre à leurs habitudes culturelles, car on se place plus ou moins près de son interlocuteur selon que l'on est espagnol ou allemand par exemple. Porté à hauteur d'homme, le bébé est inclus dans la conversation et l'on s'adresse à lui en modulant notre langage. Cela lui permet de mieux comprendre le sens de ce qui lui est dit.

Le bébé s'imprègne de la culture, d'une part en participant aux conversations ; d'autre part en observant les relations humaines, en partageant les repas et en sentant les plats.

Le portage accompagne le développement moteur du bébé

Lorsqu'il est porté, le bébé bouge au rythme des mouvements de celui qui le porte. Que ce soit pendant son sommeil ou en phase d'éveil, cela va l'amener à développer son équilibre et son adaptation : c'est la croissance du système vestibulaire, ou oreille interne, qui est stimulée. Dans ce contact corporel étroit, l'enfant ressent les mouvements musculaires et les accompagne. Cela participe au développement de sa motricité et lui permet de se muscler, d'autant plus qu'il est porté de façon adaptée, enroulé et accroupi.

Bien porté, le bébé va muscler progressivement sa colonne, et la maturation de sa hanche va se faire de façon optimale. La position accroupie place la tête du fémur (l'os de la cuisse) en face de sa loge et permet son développement. En Europe, des orthopédistes proposent aux bébés qui souffrent de malformation de la hanche le portage intensif accroupi à la place d'un appareillage lourd, évitant ainsi ses effets secondaires.

Le portage, en particulier vertical, participe à la maturation du système digestif

Le bébé arrive au monde avec un tube digestif stérile, le contact peau à peau et l'allaitement vont lui permettre de récupérer une flore adaptée qui va l'aider à digérer.

Le contact rapproché stimule le réflexe de succion du bébé et permet à la mère de sentir plus facilement les besoins alimentaires de son enfant. Le bébé n'a plus besoin de pleurer : s'il est allaité, la lactation de sa mère est entretenue par ces contacts fréquents ; nourri au biberon, le bébé tète moins passivement.

Le tube digestif est un muscle, que nous ne pouvons pas contracter volontairement, mais dont le rôle est de faire avancer la nourriture.

Quand l'intestin est peu musclé, la nourriture fermente plus facilement, causant gaz et douleurs. Le portage va masser les intestins et permettre à la digestion d'être plus efficace mais aussi à l'intestin de prendre toute sa place dans l'abdomen.

Le portage va aider l'enfant à trouver son rythme

Le sommeil du bébé est très différent de celui de l'adulte. Le rythme jour/nuit n'est pas aussi différencié et les phases de sommeil sont bien plus courtes (cycles de 20 minutes environ).

Le bébé qui participe à la vie de sa famille grâce au portage (dans les bras ou dans un porte-bébé) va dormir au milieu des activités le jour et dormir au calme la nuit. Il va téter dans l'ambiance familiale la journée et en dormant la nuit, dans le noir. Tout cela contribue à l'établissement de son rythme et à sa participation à une vie familiale plus harmonieuse.

LE SAVIEZ-VOUS ?

L'estomac de votre bébé n'est pas fermé aussi efficacement que celui des adultes. C'est pourquoi le bébé régurgite aussi facilement. En portant votre bébé verticalement durant toute la durée de la digestion (20 minutes environ pour le bébé allaité, 2 heures pour le bébé nourri au lait infantile), vous allez lui permettre de limiter les régurgitations et lui assurer une digestion plus sereine.
Le muscle qui assure la fermeture de l'estomac, le *cardia*, devient en général efficace lors de l'acquisition de la marche.

Tout comme un adulte peut apprendre à se détendre avec un professeur de relaxation, le bébé a besoin d'un apprentissage pour baisser ses tensions et accéder au sommeil. Il existe de nombreuses façons de réduire ses tensions ; cependant, toutes ne sont pas issues d'un apprentissage : les pleurs ou l'alimentation par exemple ne permettent pas au bébé d'apprendre. Le maternage, l'allaitement, les câlins, les berceuses, les bercements, les tapotements sont utiles pour accompagner un bébé dans son sommeil. Pendant longtemps, le bébé a besoin de la présence de ses parents pour dormir.

L'enveloppe sécurisante du portage va lui permettre de se détendre pour s'endormir, tout en laissant à l'adulte les bras libres pour mener d'autres activités, pour se reposer…

Le portage renforce l'attachement entre le porteur et le bébé

Le bébé qui découvre le plaisir de cette sécurité va pouvoir développer son attachement à la personne qui le porte. Le processus d'attachement commence très tôt, au moment de la naissance. C'est une hormone, l'ocytocine, qui participe à ce processus. Cette hormone est responsable de l'attachement tout au long de la reproduction humaine : sécrétée lors d'un orgasme, elle permet aux deux partenaires de commencer à s'attacher l'un à l'autre. En particulier, elle entre en action lors de l'accouchement en provoquant des contractions. L'ocytocine traverse le cerveau de la mère et du bébé, mettant en route le processus d'attachement. À la naissance, le bébé et sa mère sont « imbibés » de cette hormone et vont pouvoir se rencontrer, échanger leurs regards et « tomber amoureux ». Cet attachement extrêmement fort va se renforcer avec le maternage. L'allaitement, les bercements, le massage, le portage participent à la sécrétion d'ocytocine et ainsi à l'attachement du bébé à la personne qui s'en occupe.

De nombreux psychologues, en particulier le psychiatre anglais John Bowlby, ont souligné ce rôle fondamental de l'attachement dans le développement du bébé.

Le bébé qui vit une relation d'attachement sécurisante va pouvoir se développer et découvrir le monde qui l'entoure avec confiance.

ASTUCE

Quand votre bébé s'est endormi dans l'écharpe et que vous avez besoin de le poser, vous pouvez le garder emmailloté dedans afin qu'il garde la chaleur et votre odeur…

La personne qui s'occupe du bébé va devenir « le phare dans la tempête » et être le repère du bébé. On sait aussi qu'en l'absence de lien d'attachement, le bébé arrête de se développer et attend. C'est pour cette raison qu'on instaure aujourd'hui un temps d'adaptation dans les crèches et auprès des assistantes maternelles, afin que le bébé s'attache à la personne qui prend soin de lui. En effet, le bébé organise son attachement et chaque personne a une place définie et ne peut être remplacée. Le psychologue Donald Winnicott a également montré que le plaisir procuré par l'échange et le contact participe au développement du psychisme du bébé.

Le portage va s'inscrire dans le maternage et participer au processus d'attachement, et ainsi permettre au bébé de découvrir sereinement le monde qui l'entoure.

Pour les parents

Beaucoup de parents utilisent un porte-bébé pour des raisons d'abord pratiques. Une écharpe est peu encombrante et facilite les déplacements à pied ou en transports en commun.

À la maison, un porte-bébé va permettre d'avoir les bras libres pour effectuer les tâches quotidiennes, mais aussi pour s'occuper des aînés, lire ou se détendre. Rien de plus facile en effet que de s'installer dans un transat (ou dans son lit avec des oreillers), le bébé placé bien haut sur la poitrine, nez dégagé : cette position permet de se reposer sans avoir à le tenir.

Certains parents qui travaillent à domicile portent leur bébé tout au long de la journée, au rythme des siestes. Ayant ses besoins comblés, le bébé se développe sereinement et pleure moins, ce qui rend la vie familiale plus agréable.

L'allaitement est facilité par le portage. Le contact prolongé, les tétées fréquentes vont stimuler et entretenir la lactation de la mère. Dans une écharpe de portage, il est simple d'allaiter et on peut utiliser le tissu pour rester discret. Il est possible ainsi d'allaiter en toutes circonstances, à la caisse d'une grande surface, dans une file d'attente à la pharmacie, au marché ou lors d'une visite d'exposition... Au restaurant, le nouveau-né va dormir, téter en toute discrétion, sans encombrer le passage avec une poussette.

EN FORME APRÈS UN BÉBÉ !

En portant le bébé haut et proche de soi, on va naturellement se positionner plus droit et se baisser en sollicitant les cuisses et non le dos. Dos, jambes et abdominaux se musclent naturellement, sans effort particulier. Le porteur va se fortifier en même temps que le bébé prend du poids et grandit : si l'enfant est installé de façon optimale, on peut le porter aussi facilement à la naissance qu'à un an.

Une écharpe de portage est un investissement avantageux : coûtant moins de 100 euros, l'écharpe est modulable, durable et lavable. Elle peut être utilisée pour plusieurs enfants, jusqu'à l'âge de 4 ans.

Garder son bébé contre soi permet de se découvrir mutuellement, de développer des liens d'attachement et d'apprendre à mieux comprendre ses besoins. La proximité des corps aide à décoder les signaux corporels que le bébé émet quand il a faim, qu'il est fatigué ou malade. Le portage permet de prendre confiance en soi et aide à se sentir compétent dans son rôle de parent, ce qui n'est pas toujours simple. Les pères éprouvent beaucoup de satisfaction à porter leur bébé, à savoir manipuler une écharpe de portage ou un sling, et découvrent une relation intime avec leur bébé. Dans certaines familles, c'est le père qui porte quasi exclusivement l'enfant en porte-bébé, la mère préférant le porter dans les bras. En portant ainsi leur bébé, les pères apprennent à le comprendre, comme en leur donnant le bain ou en leur faisant un petit massage, et développent le lien d'attachement.

Le portage peut aider les pères à trouver leur place.

QUI PORTE LE BÉBÉ ?

Il paraît logique que ce soit la mère ou le père mais pas seulement. Les grands-parents, l'assistante maternelle, les frères et sœurs peuvent aussi se lancer dans l'aventure et tisser un lien plus fort avec ce bébé. C'est un plaisir et une grande richesse pour lui de développer des relations privilégiées avec les personnes de son entourage. Ainsi les parents peuvent profiter de quelques instants de répit dans leur maternage, en toute confiance...

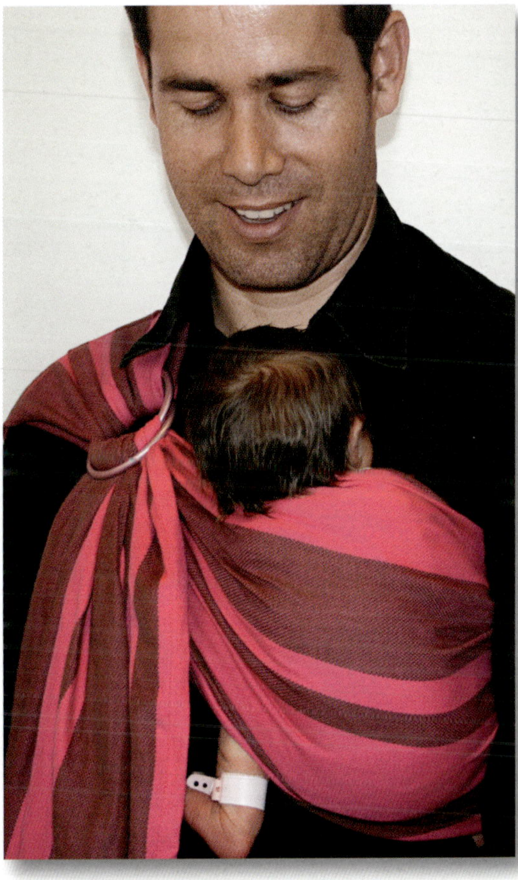

Le contact corporel avec un bébé est très agréable et rien n'est plus apaisant que de le sentir dormir contre soi. Sa chaleur est relaxante et le contact rapproché va permettre à l'adulte de sécréter aussi de l'ocytocine pour s'attacher à ce petit bébé.

En outre, avec un bébé correctement porté, le dos est davantage ménagé qu'en le tenant dans les bras. Cela aide le porteur à se placer correctement, et le portage haut respecte plus le périnée que le fait de pousser une poussette.

CHAPITRE 2

Les principes du portage

COMMENT PORTER SON ENFANT ?

Le respect de sa physiologie

Le développement osseux et articulaire des enfants

Porter son bébé dans les bras permet de lui offrir toutes les possibilités d'éveil et d'interaction que nous avons évoquées jusqu'à présent. Néanmoins, si l'on souhaite avoir les mains libres, utiliser un porte-bébé est très pratique. Le porte-bébé ne soutient pas le bébé comme les bras, car ces derniers s'adaptent naturellement à ses postures et absorbent les chocs transmis au bébé. Le choix d'un porte-bébé va donc dépendre du stade de croissance du bébé et doit lui permettre de se développer dans les meilleures conditions possibles.

Le bébé n'est pas un adulte en miniature, ni du point de vue de son ossature ni du point de vue de son fonctionnement. C'est seulement vers 25 ans que s'achève l'ossification et que s'arrête la croissance. En effet, jusqu'à la fin du deuxième mois de vie fœtale, l'architecture du squelette n'est constituée que de cartilage. Le cartilage est une substance souple qui va durcir et se transformer en os au cours de la croissance. À la fin de la grossesse, quelques zones du squelette du bébé sont ossifiées, notamment au niveau des os longs (fémur par exemple). Ensuite, à la naissance, l'ossification dite secondaire commence, comme pour les extrémités des os longs (tête du fémur).

Les bébés ont donc des articulations très cartilagineuses et souples. Peu ou pas vascularisé, le cartilage peut mal se développer si des postures répétées et prolongées ne respectent pas l'emboîtement correct de l'articulation.

Proposer au bébé de bonnes postures, en particulier pour de longues durées, va permettre un développement harmonieux du squelette.

Dans le portage, les articulations les plus sollicitées sont celles du dos et de la hanche du bébé, spécialement lors de la marche. Nos pas sur les sols durs créent effectivement des impacts importants.

L'articulation coxo-fémorale (hanche) permet à l'os de la cuisse (fémur) de s'emboîter dans le bassin. C'est au niveau de la cavité cotyloïde que la tête du fémur s'emboîte dans le bassin.

Bassin adulte

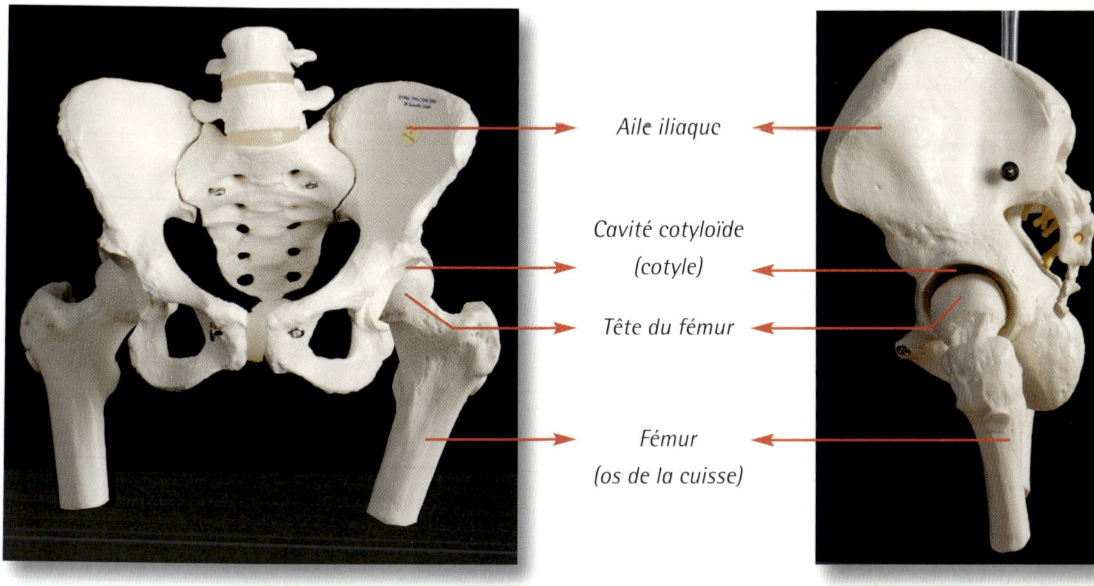

La cavité cotyloïde est un creux qui accueille la sphère de la tête du fémur. Chez l'enfant, la cavité est constituée de plusieurs couches de cartilage qui s'ossifient progressivement jusqu'à l'âge de 15-16 ans, de la profondeur vers la périphérie.

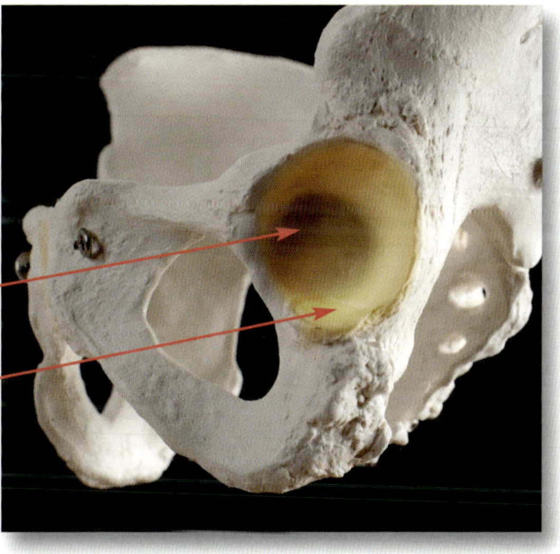

LA CAVITÉ COTYLOÏDE

Elle se compose de plusieurs couches cartilagineuses :

- la couche profonde est une jonction cartilagineuse en forme de Y à trois points d'ossification. Vers l'âge de 5-7 ans, elle s'ossifie et fusionne en une seule pièce osseuse ;
- la couche intermédiaire est en forme de cupule et donne l'arrière-fond ;
- la couche superficielle va former la surface articulaire en croissant. C'est elle qui est en contact avec la tête fémorale. Vers 10-12 ans, des points d'ossification apparaissent et, vers 15-16 ans, l'os est formé : il termine la construction de la cavité ;
- un bourrelet fibreux et cartilagineux se situe autour de la cavité cotyloïde et va en augmenter la profondeur. Sa structure et son positionnement font qu'il est particulièrement sensible à la déformation en cas de malposition.

LE DÉVELOPPEMENT DE LA HANCHE

Ces dessins réalisés à partir d'une radio nous montrent le développement de la hanche. Les zones cartilagineuses n'apparaissent pas.

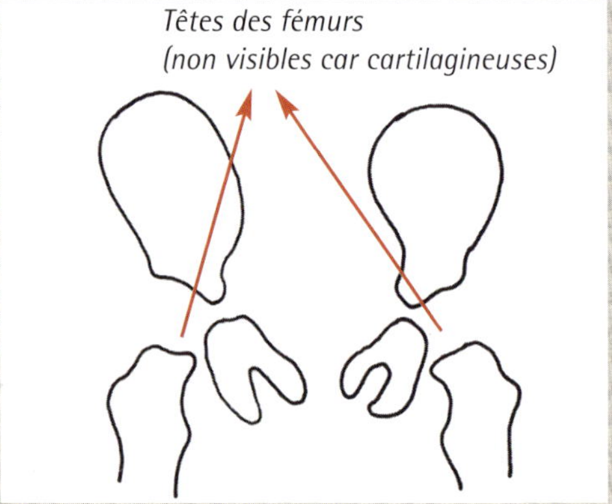

À la naissance.

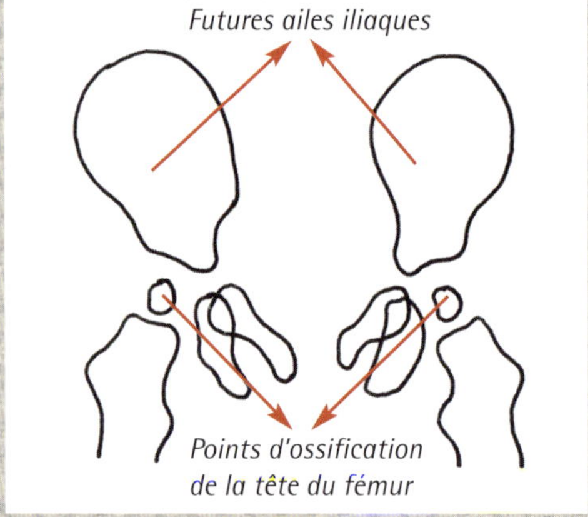

Vers 3 à 6 mois : peu de zones ossifiées, le reste étant du cartilage.

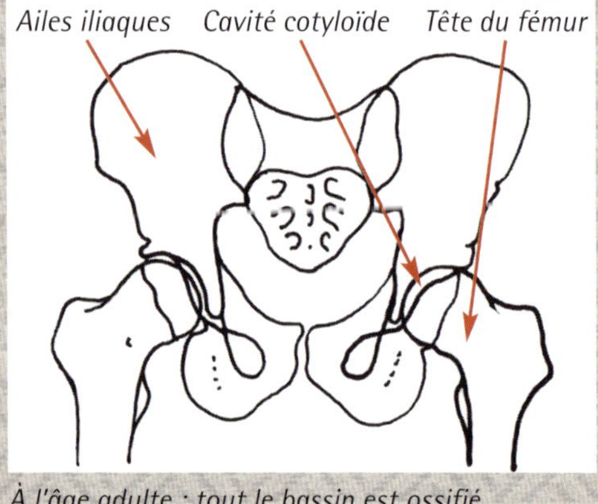

À l'âge adulte : tout le bassin est ossifié.

La tête du fémur adulte est la sphère qui s'emboîte dans la cavité du cotyle. Elle va connaître un long développement pour arriver jusqu'à sa forme finale. À la naissance, elle n'est qu'un volumineux bourgeon cartilagineux malléable et déformable. Vers 3 à 4 mois, la circulation sanguine se développe et permet l'apparition de points d'ossification au centre du bourgeon. Le cartilage va ensuite progressivement se transformer en os. Vers 4 à 6 ans, d'autres points apparaissent et l'ossification de la tête fémorale se poursuit jusqu'à l'adolescence.

Développement de la tête fémorale.

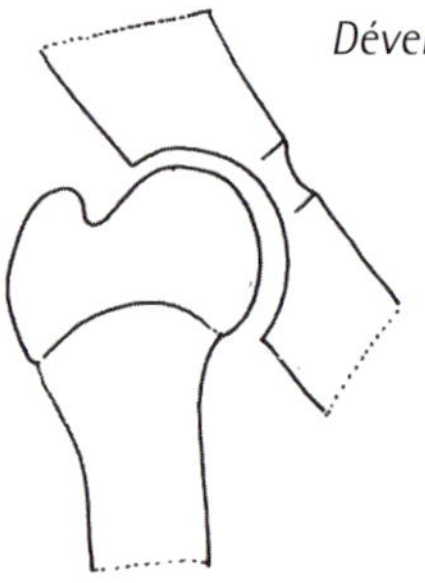

À la naissance.

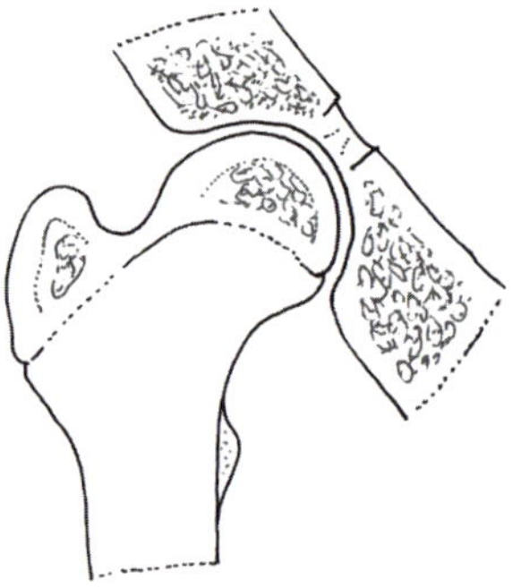

Vers 6 ans.

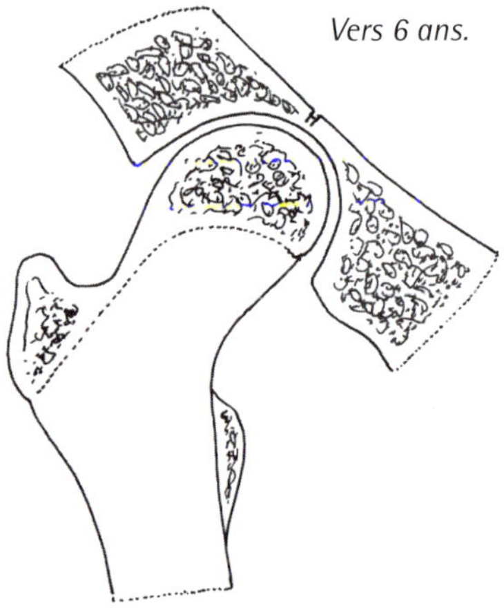

Vers 10 ans.

La cavité cotyloïdienne se développe jusqu'à l'adolescence de manière à bien couvrir l'ensemble de la tête fémorale. C'est grâce aux mouvements de l'enfant et à sa motricité que le modelage va pouvoir être harmonieux.

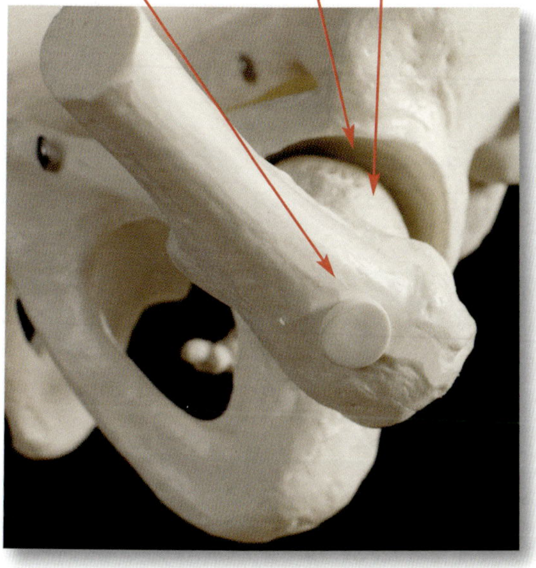

C'est la pression exercée sur le fémur qui va « mouler » la forme arrondie de la tête fémorale et le creux de la cavité.

La hanche du bébé est relativement stable grâce à un système de maintien (dont les ligaments), mais elle est fragile dans la mesure où elle est encore souple et donc déformable.

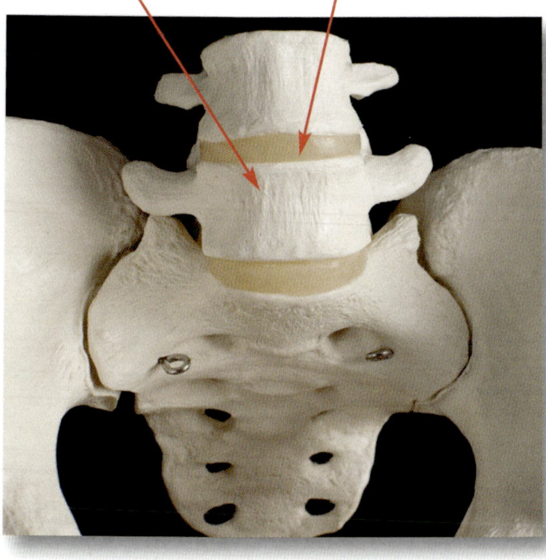

L'afflux de sang va permettre la croissance et l'ossification notamment grâce au calcium et à la vitamine D. Un réseau artériel assure ces fonctions jusqu'à 1 an, puis une artère principale prend la relève, ce qui rend l'articulation plus vulnérable à la pression. Par exemple, lors d'un positionnement brutal jambes très écartées, genoux tournés vers l'intérieur, l'artère est comprimée et la tête fémorale n'est pratiquement plus nourrie.

À la naissance, la structure osseuse de la colonne vertébrale est inachevée et le dos du bébé n'est pas encore musclé.

La colonne vertébrale se pose sur le sacrum et est constituée d'un ensemble de vertèbres qui se superposent et s'articulent entre elles. Chez l'adulte, les chocs sont amortis par les muscles et par les disques intervertébraux. Chez le bébé, les muscles du dos sont trop peu toniques pour soutenir la colonne, le dos est donc tassé. Les chocs transmis lors du portage ou du transport sont beaucoup moins bien amortis.

Les disques intervertébraux sont constitués d'un anneau fibreux qui unit les vertèbres et d'un noyau gélatineux qui se déforme avec les compressions. Le noyau gélatineux est constitué essentiellement de cartilage, mais à la naissance son contenu aqueux est maximum avant de diminuer avec l'âge.

Le bébé va naturellement adopter une position arrondie.

Au cours de sa croissance et au fur et à mesure de la musculation de son dos, il va pouvoir se redresser. Sa colonne va progressivement adopter les courbures naturelles du dos humain.

L'ossification complète se termine vers 25 ans, mais les courbures naturelles du dos du bébé sont installées au moment où la marche est bien acquise. Tant que les muscles ne soutiennent pas la colonne et tant que les disques intervertébraux ne sont pas suffisamment denses, les zones nerveuses sont moins protégées. On comprend alors que le bébé soit particulièrement vulnérable aux pressions et aux chocs, tant au niveau de sa hanche que de sa colonne vertébrale.

Dans un porte-bébé, garder l'arrondi du dos va respecter la colonne vertébrale.

Les positions respectueuses

La tête du fémur et la cavité cotyloïde se modèlent l'une par rapport à l'autre par un jeu de traction-compression. Les positions longues et répétées ont donc un impact important sur leur développement. Les études des orthopédistes nous montrent qu'un positionnement accroupi, les cuisses légèrement écartées, permet un emboîtement optimal de l'articulation.

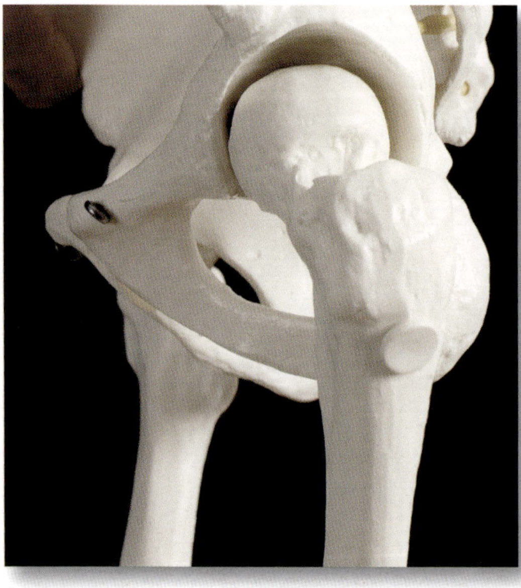

Les jambes pendantes, la tête fait pression vers le bas de la cavité et ne va pas vers le fond du cotyle.

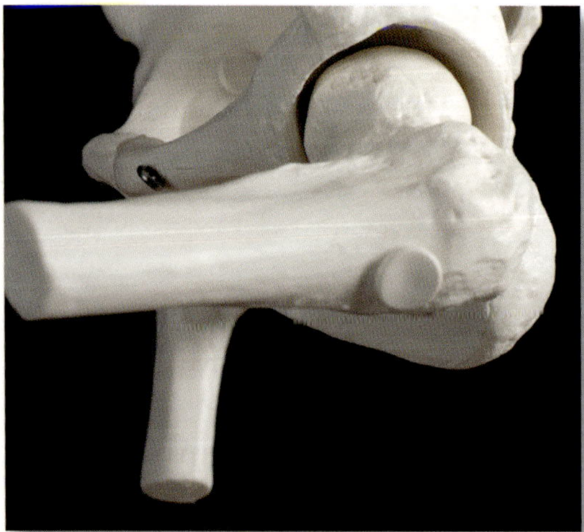

Accroupi, la tête du fémur appuie vers le fond du cotyle.

L'écartement nécessaire n'est pas très large, il ne s'agit pas d'écarter les jambes, mais d'avoir les genoux légèrement plus écartés que la largeur du bassin. C'est la position accroupie.

Bien accroupi, les genoux sont relevés.

C'est ce positionnement des hanches que l'on va chercher à obtenir quand on porte son bébé.

Le bébé porté spontanément sur le côté a d'emblée un angle optimal d'ouverture des jambes.

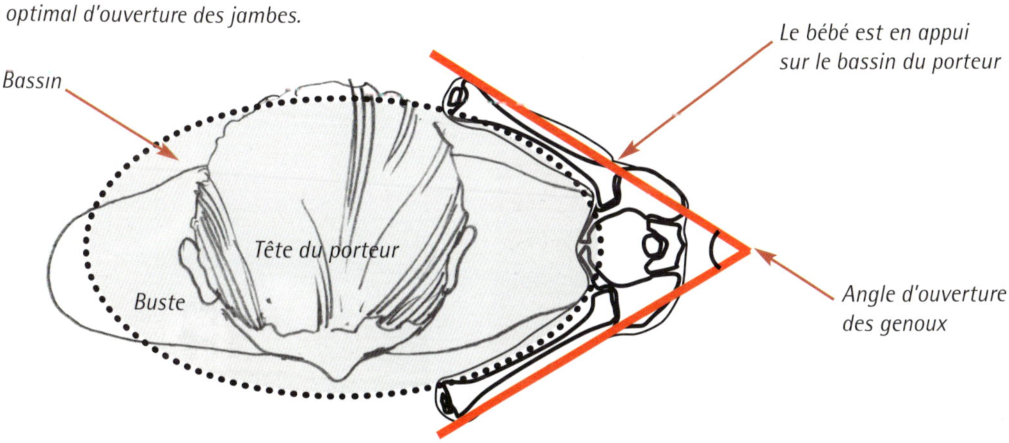

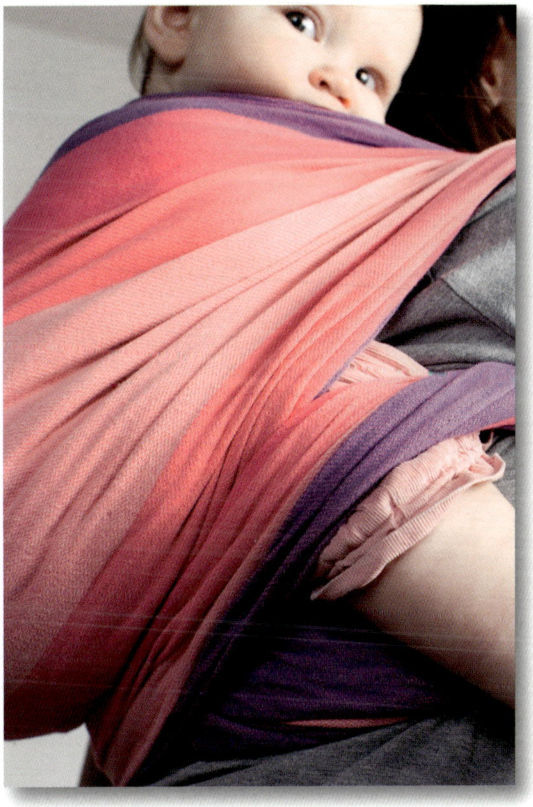

Il existe une adaptation mutuelle entre le bébé et le porteur. Le nouveau-né va donc ouvrir peu ses cuisses, et le plus grand pourra « s'enrouler » autour de la personne qui le porte.

Les positionnements des jambes, du bassin et de la colonne vertébrale sont liés : les jambes et le bassin sont reliés par la hanche, et la colonne vertébrale se pose sur le bassin au niveau du sacrum.

Si l'on souhaite permettre au bébé d'arrondir son dos, il va falloir basculer le pubis vers l'avant. Les jambes vont se plier et s'écarter : le bébé est accroupi.

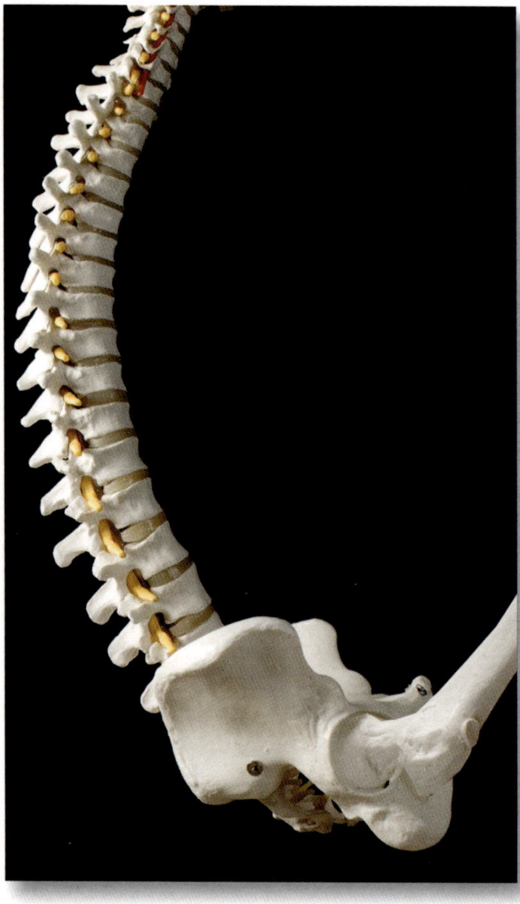

À l'inverse, un appui sur les ischions (les pointes du bassin), en position assise, ne favorise pas l'enroulement de la colonne vertébrale. C'est l'inconvénient des systèmes qui assoient le bébé au lieu de l'accroupir, comme certains porte-bébés modernes, ou certains sièges-autos. C'est pour cette raison qu'il est déconseillé de laisser le bébé plus d'une vingtaine de minutes dans ce type d'installation.

Porté très proche et bien soutenu dans sa base, l'enfant va prendre naturellement la position accroupie. Pour s'accrocher activement, il va fléchir et écarter ses jambes, basculer son bassin et arrondir son dos.

Enfin, comme les disques intervertébraux sont encore souples et que les muscles n'absorbent pas bien les impacts, il va être nécessaire de soutenir suffisamment l'enfant pour lui éviter de recevoir des chocs transmis lors de la marche : **le portage nécessite un soutien zone par zone de la colonne vertébrale afin d'absorber les chocs.**

Pour cela, un réglage fin et précis est nécessaire. L'objectif est d'avoir des lignes de suspension qui amènent l'enfant en suspension dans le porte-bébé. Tous les porte-bébés ne le permettent pas.

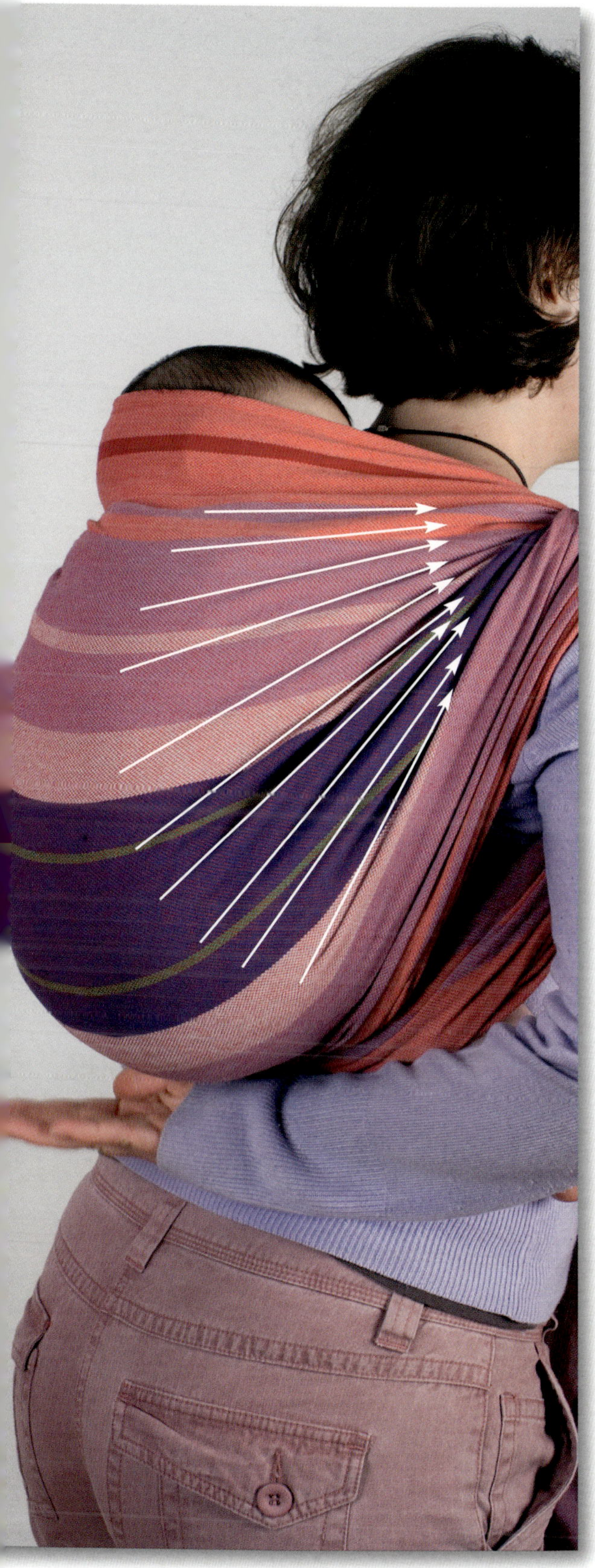

LA POSITION MAGIQUE

Prenez conscience de vos appuis. Si vous êtes assis, votre bassin doit être bien posé, stable sur le siège. Si vous êtes debout, prenez conscience des appuis de vos pieds sur le sol, le poids du corps étant bien réparti.
Placez le bassin de votre bébé contre vous, en contact avec votre ventre, et mettez une main sous ses fesses. Vous lui offrez ainsi un très bon appui au niveau de sa base. Il prend naturellement une position accroupie et arrondit son dos, ses genoux sont plus hauts que ses fesses. Avec votre autre main, soutenez le haut de son dos et la base de sa nuque. Profitez de cette position pour lui parler, le bercer, lui chanter une chanson ou communiquer avec lui par le regard.

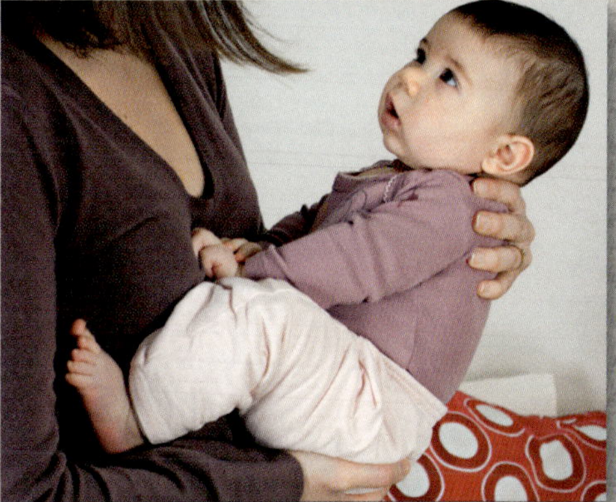

Les points clés à retenir

Du côté de bébé

Il n'est pas toujours facile de trouver un porte-bébé qui respecte le développement de l'enfant. Certains points à vérifier vont nous permettre de choisir un porte-bébé ou un nouage.

Le bébé a besoin de s'accroupir et d'arrondir son dos. On veillera à ce que le bébé ne prenne pas appui sur le porte-bébé, par exemple si on lui met les pieds dans le tissu, car cela l'encourage à se tendre en arrière et à se cambrer.

C'est très important s'il est tout petit, mais même en grandissant, quand l'enfant s'endort dans le porte-bébé, ses muscles se relâchent et ne soutiennent plus son dos. Le porte-bébé doit pouvoir protéger le dos du bébé même quand il dort. Son bassin va être basculé, et le poids de son corps se situer dans sa base. Il peut ainsi se tenir activement et participer à son portage.

La tension dans le dos du bébé doit être réglée finement, de façon à soutenir zone par zone sa colonne vertébrale pour la suspendre vers le haut.

Le bébé a besoin de pouvoir s'accroupir.

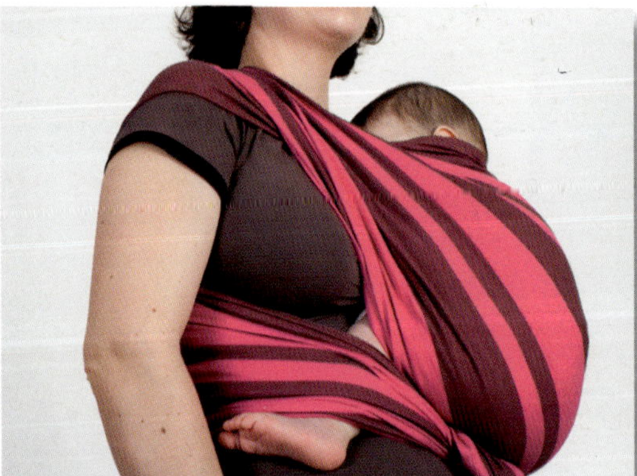

Le dos du bébé doit pouvoir être arrondi.

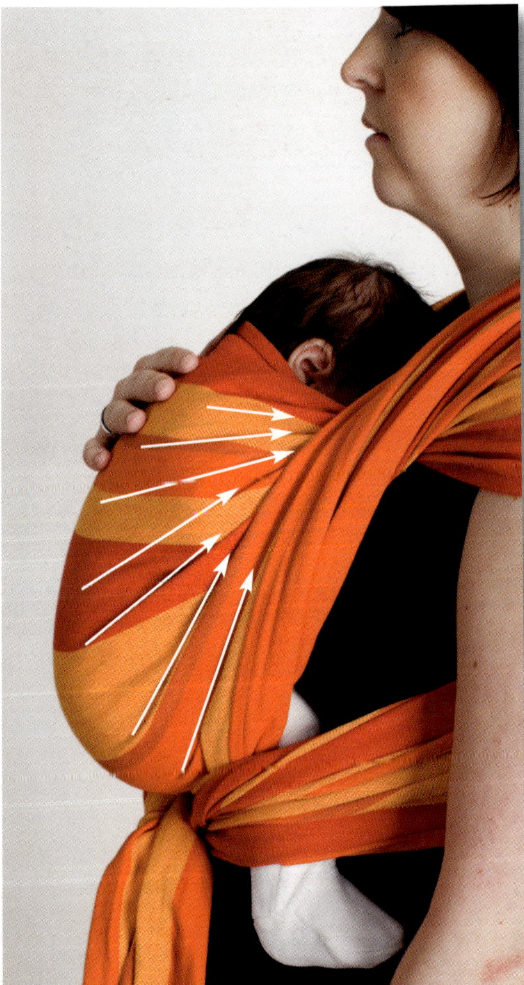

La tension dans le dos du bébé doit être réglée finement.

On va chercher à garder la tête dans le prolongement de l'axe de la colonne vertébrale, pour son confort mais aussi pour la circulation sanguine en direction du cerveau. Le bébé va se trouver le front ou la joue contre le porteur, la tête bien dans l'axe.

ET LA TÊTE ?

On entend souvent qu'il faut tenir la tête du bébé quand on le porte. En réalité il est intéressant de soutenir sa tête, ce qui n'est pas tout à fait la même chose. En lui assurant un soutien ferme de la base et du dos, on lui permet de tenir sa tête sur son axe. En pratique, cela signifie qu'on va mettre la main entre ses omoplates, à la base de la nuque, et non derrière sa tête. Dans un porte-bébé qui permet un soutien zone par zone, comme l'écharpe, c'est le soutien et l'arrondi du dos qui vont porter la tête, et non le tissu.

Du côté du porteur

Il nous semble important de rappeler ici que la communication avec le bébé que l'on porte est très importante et qu'être conscient de son corps et de celui de son bébé, c'est permettre cet échange. Plus nous sommes disponibles, plus le bébé le sent et se détend aussi ; c'est un véritable dialogue corporel.

Il est plus facile de soulever une charge lorsqu'elle est contre soi plutôt qu'à bout de bras. C'est la même chose en portant un enfant : plus son poids est proche de notre centre de gravité, plus le portage sera confortable. Il suffit de quelques centimètres pour que le bébé soit trop loin et que les muscles du dos du porteur soient sollicités en compensation. En pratique, on doit pouvoir à peine passer la main entre le bébé et le porteur.

Le bébé est bien collé à sa maman, elle reste verticale sur son axe.

ATTENTION

Le bébé est placé trop loin de la maman, celle-ci est obligée de se cambrer en arrière pour compenser le poids.

ATTENTION

Ici, le bébé est placé trop haut et gêne sa maman.

ATTENTION

Ici, le bébé est placé trop bas, des tractions se font dans les épaules. De tout petits déséquilibres chaque jour finissent par créer de grosses tensions.

Bébé placé suffisamment haut.

Bébé placé « à hauteur de bisou ».

Porter haut le bébé tout en restant dans son centre de gravité évite des tensions et des pressions au niveau du périnée. En pratique, on va installer le bébé le plus haut possible, en gardant une hauteur raisonnable pour ne pas avoir le cou en hyperextension. La bonne hauteur est celle qui vous permet d'embrasser votre enfant sur la tête.

Le bébé est placé « à hauteur de bisou ».

Afin de ne pas créer de déséquilibres et de douleurs, il importe de rester axé dans son centre de gravité. Chaque personne est différente, c'est donc à chacun de découvrir et de sentir où se trouve son propre centre de gravité. C'est très important pour sentir où placer son enfant sur soi et éviter des tensions musculaires. Certaines personnes se tiennent naturellement déséquilibrées et le portage de leur bébé bien dans leur axe va les aider à retrouver un nouvel équilibre.

RESSENTIR VOTRE CENTRE DE GRAVITÉ

Pour commencer, vous allez prendre conscience de la base corporelle qu'est votre bassin. Provoquez une vibration dans vos os en les tapotant, le long des ailes iliaques et sur le sacrum.
L'aile iliaque est la structure osseuse dure sur laquelle vous posez votre enfant lorsque vous le portez sur le côté, dans les bras. Pour la sentir, mettez vos mains sur votre taille et en appuyant vers le bas vous serez sur le dur des os des ailes iliaques. Palpez-les d'avant en arrière pour bien les localiser. Puis derrière, au milieu, vous allez sentir l'os du sacrum qui va du bas de la colonne vertébrale jusqu'à la raie des fessiers.
Prenez ensuite un moment pour percevoir si vos sensations corporelles sont différentes d'avant les tapotements.

A

B

C

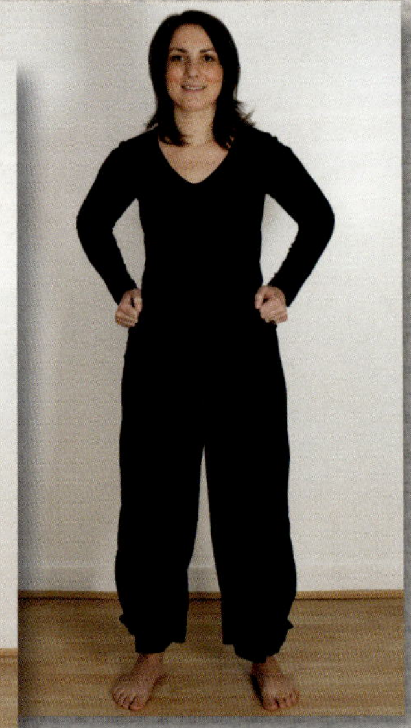

1 Pour effectuer les tapotements, fermez vos mains et gardez les pouces à l'extérieur des poings. Avec vos doigts repliés (phalanges), tapotez le squelette tout le long des ailes iliaques d'avant en arrière.

2 À l'arrière, vos mains se rejoignent et avec une seule, tapotez l'ensemble du sacrum, selon l'intensité qui vous convient. Diminuez-la si c'est sensible.

Le bassin ainsi mis en résonance, vous allez maintenant osciller sur vos pieds comme un roseau dans le vent.

3

Ressentez d'abord votre équilibre et gardez en mémoire cette sensation pour la comparer après l'expérience.

4

Concentrez-vous sur l'appui de vos pieds sur le sol et laissez votre corps osciller de gauche à droite, d'avant en arrière et en cercle.

A

B

C

D

À la fin, revenez dans votre axe, le poids du corps réparti sur vos pieds. Vos sensations sont-elles différentes d'avant ?
Le poids du corps bien réparti sur les pieds, posée dans votre bassin et sur votre axe, vous voici dans votre centre de gravité.

Comment s'habiller quand on porte son enfant ?

Pour profiter au maximum des bienfaits du contact rapproché, il est intéressant de ne pas trop couvrir l'enfant que l'on va porter. Il est bénéfique pour le bébé, s'il fait très chaud ou très froid, d'avoir un maximum d'échanges thermiques avec l'adulte qui va ainsi l'aider à réguler sa température. Il faut savoir qu'en cas de forte chaleur, c'est le porteur qui va transpirer et avoir soif, au lieu du bébé. C'est une vraie sécurité.

Pour réussir le serrage et le réglage de l'écharpe, mieux vaut que le porteur et le bébé aient des vêtements plutôt fins qui ne glissent pas. La polaire et certaines mailles glissent et empêchent de serrer suffisamment l'écharpe.

Manteau simplement attaché sous le cou.

Pour sortir les jours de grand froid, le bébé doit être habillé comme à l'intérieur, avec un bonnet et des chaussons chauds. Après l'installation de l'écharpe, le bébé et le porteur vont être couverts. On évite ainsi l'utilisation de manteaux encombrants et inconfortables comme les « combi-pilotes ».

PASSEZ L'HIVER EN ÉCHARPE

Quand vous utilisez votre voiture, en remettant votre bébé dans son siège-auto vous pourrez l'attacher correctement avec moins d'épaisseur, et laisser l'écharpe sur lui comme couverture le temps que le chauffage soit efficace. Ensuite, s'il fait assez chaud, vous pourrez retirer l'écharpe.

Il y a plusieurs façons de se protéger du froid. Quand on porte devant ou sur le côté, le porteur peut garder un manteau ou une veste et on ajoute une épaisseur sur le dos du bébé : couverture coincée, manteau attaché seulement au cou, ou idéalement poncho pour bébé. On trouve facilement des patrons de poncho à tricoter, mais on peut aussi simplement découper un carré de polaire et faire un trou au milieu pour y glisser la tête du bébé.

Vous pouvez aussi trouver dans votre placard des vêtements plus ou moins adaptés pour porter votre bébé : ancien manteau de grossesse pour porter devant, grand gilet dont le col permet de passer les deux têtes pour porter dans le dos, etc.

Vous pouvez également trouver un pull ou une veste en polaire, un peu grand (on en trouve à des tarifs très raisonnables dans les magasins d'articles de sport), et découper aux ciseaux un trou pour faire passer la tête de votre bébé et le porter sur le dos.

Il existe aussi des manteaux, des vestes et des ponchos pour protéger ensemble le porteur et le

Poncho tricoté.

Le même manteau qui permet un portage devant, sur le côté et dans le dos, en deux parties : coupe-vent et polaire, donc très modulable.

À GAUCHE. Manteau en laine et cachemire, pour porter devant et dans le dos, mais aussi sans bébé.

CI-CONTRE. Poncho en pure laine vierge pour la mi-saison, pour porter devant, sur le côté et dans le dos.

bébé. Vous pourrez trouver exactement ce qui correspond à votre climat ou vos habitudes. Certains manteaux permettent un portage devant, sur le côté et aussi dans le dos, grâce à des découpes ou des poches astucieuses.

On trouve aussi sur Internet et dans certaines associations des patrons pour réaliser des ponchos de portage à moindre frais.

Vous trouverez en fin d'ouvrage des adresses de fabricants et d'associations pour vous renseigner.

Poncho de fabrication artisanale en polaire, pour porter devant ou dans le dos (réalisation et conception Céline Voigner).

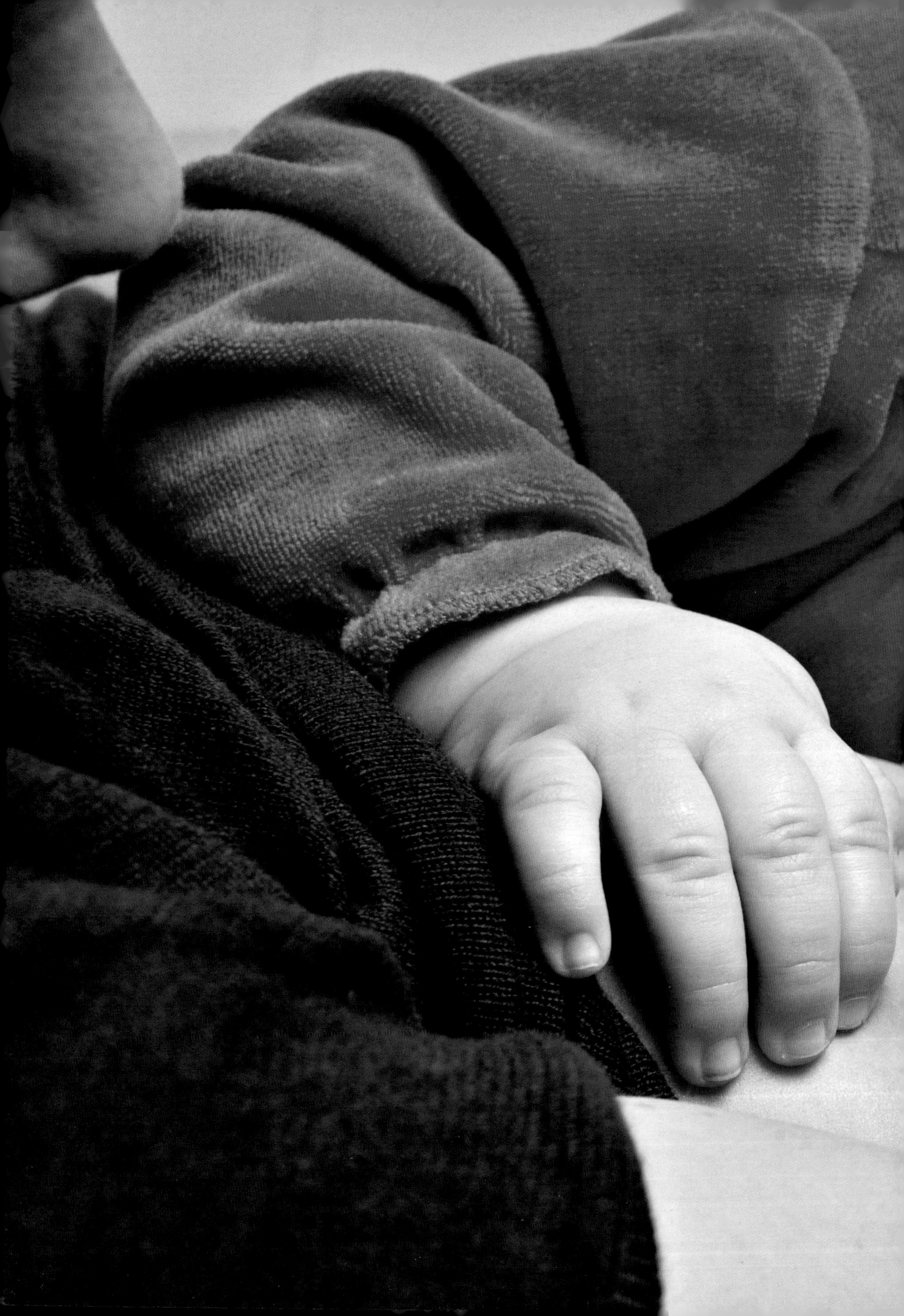

Les porte-bébés « prêts-à-porter »

Il existe de nombreux porte-bébés sur le marché, et il n'est pas toujours facile de choisir celui qui conviendra le mieux à vos besoins.

Les porte-bébés « prêts-à-porter » sont des systèmes réglés à l'avance et qui ne permettent donc pas de s'adapter correctement à votre corps ou à celui de votre bébé. Ils ont en revanche l'avantage de s'installer en peu de temps, même si parfois certains systèmes sont un peu fastidieux.

De nombreux porte-bébés classiques proposent une posture inadaptée pour le bébé (jambes pendantes, dos droit) avec lesquels le bébé ne peut pas s'accrocher au porteur.

Quelques porte-bébés offrent cependant une alternative intéressante, dans certaines conditions de portage. Ils permettent aux personnes peu sûres d'elles de profiter du contact rapproché avec leur bébé. Moins il y a de tissu ou d'accessoires entre le bébé et le porteur, plus le portage est profitable pour les deux.

Le porte-bébé doit permettre au bébé de s'arrondir et d'avoir au moins une assise profonde et large, l'idéal étant de se rapprocher de la position accroupie

Pour le confort du porteur, il est important que le système soit réglable, afin que le bébé soit porté très proche. Les porte-bébés à armature pour les randonnées éloignent considérablement le bébé et déséquilibrent le porteur. Certains porte-bébés proposent un large appui sur le bassin, ce qui va soulager une partie du poids.

Le bébé doit pouvoir être porté très proche.

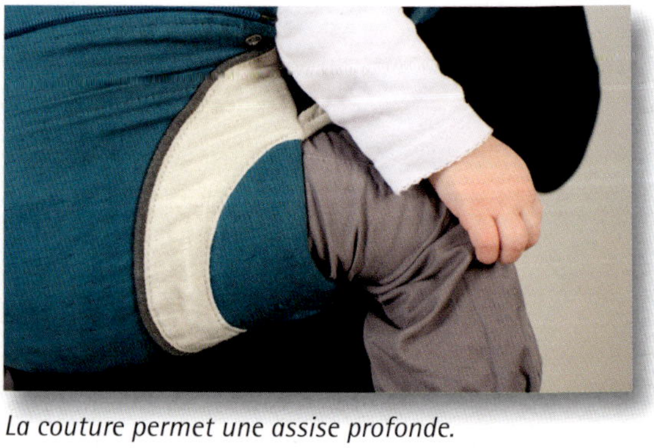

La couture permet une assise profonde.

 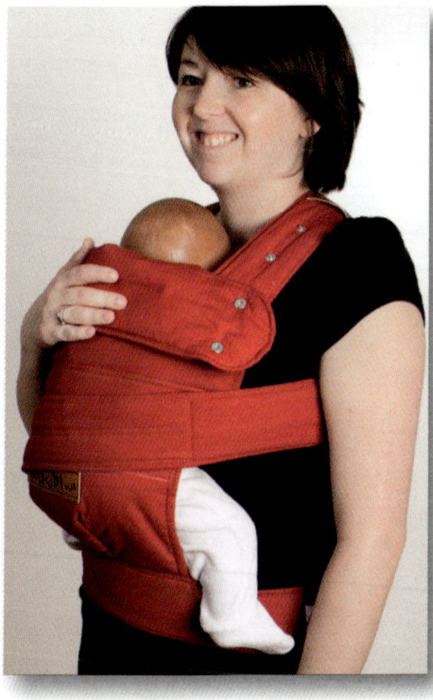 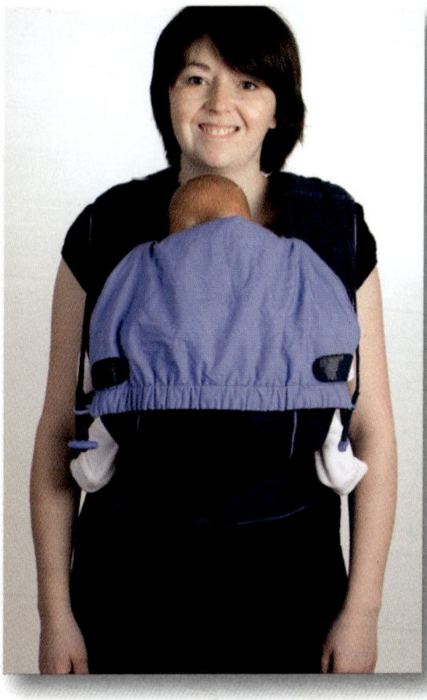

Pour porter devant, certains porte-bébés sont assez souples pour permettre au bébé de s'arrondir, sont réglables pour un portage proximal et ont des coutures étudiées pour favoriser une assise profonde. Ces porte-bébés ne soutenant pas la colonne vertébrale, il faut un soutien supplémentaire de la tête du bébé quand il dort. Ils paraissent peu adaptés aux nouveau-nés.

Certains porte-bébés inspirés du portage traditionnel proposent un portage sur le côté assez simple. Dans ce type de porte-bébé souple, les bébés ont le dos arrondi et sont le plus souvent accroupis. Ces porte-bébés sont cependant peu réglables, le portage est moins proche, et ils demandent un temps d'apprentissage.

Avec les porte-bébés « prêts-à-porter », il n'y a pas de serrage zone par zone et le dos du bébé n'est pas soutenu ; ils correspondent donc à un portage de courte durée (20 minutes environ). L'assise n'est pas réglable et les enfants grandissants ne sont soutenus qu'au niveau des cuisses et pas jusqu'aux genoux.

Enfin, ils sont rarement utilisables de la naissance à 3 ans, il est donc nécessaire d'investir dans plusieurs types de porte-bébé si l'on souhaite continuer à porter.

Tous ces porte-bébés « prêts-à-porter » sont donc plutôt à réserver à l'enfant qui sait déjà se tenir assis (son dos est suffisamment musclé), pour de courtes durées et quand il est éveillé (en dormant son dos se relâche).

Les porte-bébés traditionnels

Ces porte-bébés traditionnels du monde entier viennent de tous les continents avec des adaptations selon les régions. Les modes de portage peuvent également varier, avec des appuis sur les épaules ou sur la poitrine, sur une ou deux épaules, etc.

Chaque région a développé un mode de portage qui correspond à la culture et aux usages locaux. Ils sont également adaptés aux conditions de vie : climat, dureté du sol, mode de vie (sédentaire ou nomade), etc.

Les études ont montré que dans les cultures traditionnelles, le bébé est majoritairement porté dans les bras ; le porte-bébé est surtout utilisé pour les déplacements ou pour certaines activités (culture des sols, commerce, etc.).

En général, les portages traditionnels ne proposent pas de soutien du dos zone par zone et les durées de portage sont courtes puisque le bébé est nourri à la demande. Le type de tissu est extrêmement variable et dépend également de la culture et des modes de vie. Dans certains pays, le morceau d'étoffe que l'on drape en pagne est un « reste » de celui utilisé pour la confection d'une robe, et le pagne est changé aussi fréquemment que la robe. Ailleurs, des châles sont tissés pendant la grossesse et ne quitteront pas l'enfant. Il existe autant de porte-bébés et de façons de porter que de régions dans le monde !

La question se pose de savoir s'ils sont adaptés à un portage occidental, à des portages de longue durée (30 minutes ou plus) et à la marche sur du bitume.

Porte-bébés de type « asiatique ».

Portage sur le côté, avec tissu simple en Afrique ou rebozo *en Amérique latine.*

Si vous avez hérité de ce savoir-faire ou si vous connaissez une personne qui pratique un portage traditionnel, il peut être intéressant pour vous de l'essayer et de voir comment vous vous sentez.

Les porte-bébés traditionnels sont probablement plus adaptés aux enfants qui sont déjà un peu musclés, qui savent s'asseoir, pour des périodes plutôt courtes.

Certains parents apprécient tout particulièrement ces portages traditionnels avec des bambins qui veulent monter et descendre souvent.

Les porte-bébés modernes

Dans les années 1970, un portage issu des sociétés traditionnelles a commencé à se répandre en Europe et aux États-Unis. En Allemagne notamment, un procédé de tissage a été développé particulièrement pour répondre aux besoins de ce nouveau mode de portage « à l'occidentale ».

La technique de tissage en *sergé croisé* a permis de proposer un portage de plus en plus respectueux du bébé comme du porteur. Les écharpes de portage sont ainsi nées d'un mélange de cultures.

Connu de longue date, le tissage en *sergé croisé* est utilisé depuis plusieurs siècles en France en broderie. Il est réputé pour sa solidité et la régularité des tensions qu'il permet. En effet, ce tissage est d'une grande résistance en longueur et en largeur, le long de lignes de chaîne et de trame. L'entrecroisement des fils permet de répartir les tensions dans la diagonale. Le tissu ne se détend pas. Les fabricants de tissus améliorent toujours les techniques et le mode de torsion des fils change selon les marques, apportant plus ou moins de confort ou de facilité de serrage.

Le sergé croisé *est étudié pour répartir les tensions dans la diagonale.*

L'utilisation de ce tissu de haute technologie implique donc une exploitation optimale de ses qualités : tension maximale, une seule épaisseur de tissu pour ne pas créer de zones rigides, lignes de tension dans la diagonale.

Comme les bébés ont tendance à mâcher le tissu, il est important de vérifier que le fabricant a choisi pour la teinture des encres adaptées aux tout-petits. La norme OKO-TEX 100 contrôle la toxicité des colorants.

Les slings en tissu d'écharpe

Les slings en tissu d'écharpe sont composés d'une bande de tissu sergé croisé, d'une largeur d'environ 70 cm, ce qui est suffisant pour couvrir un enfant des oreilles aux genoux, et se règlent grâce à des anneaux. Le tissu au niveau des anneaux peut être libre ou cousu, chaque marque ayant sa propre technique de couture. N'hésitez pas à essayer pour trouver ce qui vous convient le mieux : un pliage tout fait et rapide à installer, ou pas de pliage et un réglage qui peut être fait très finement…

Comme le terme *sling* désigne dans les pays anglo-saxons à la fois des porte-bébés à anneaux en sergé croisé et d'autres en tissu simple, il est important de vérifier auprès du fabricant quel type de tissu a été utilisé pour la réalisation du sling.

En serrant le tissu bande par bande, on peut créer des lignes de tension dans la diagonale du tissu et soutenir le dos du bébé zone par zone vers le haut. La largeur du tissu va permettre de couvrir tout le dos du bébé jusqu'aux genoux, sans faire de pli pour répartir le poids au maximum. En appui sur une seule épaule, ce nouage asymétrique peut être inconfortable pour certains. On peut cependant adapter assez finement l'installation, en modulant l'angle du bébé (plus ou moins sur le côté ou de trois quarts).

Les fabricants proposent des installations devant ou dans le dos, mais cela reste une utilisation anecdotique car rarement confortable sur le long terme.

Sling plié et cousu.

Le portage en sling sergé croisé est très facile à utiliser et permet un soutien zone par zone du dos du bébé.

Le sling est couramment utilisé en collectivité car il ne traîne pas par terre, et la proximité de portage peut être adaptée au niveau d'attachement avec la personne qui porte.

Les écharpes de portage

Les écharpes de portage sont de longues bandes en sergé croisé, de 70 cm de large pour recouvrir le dos d'un enfant jusqu'à ses genoux. On trouve différentes longueurs disponibles, en fonction du type de nouage que l'on souhaite réaliser. Les écharpes et les slings doivent être cousus avec des ourlets doubles afin d'éviter de laisser filer un fil qui créerait une zone lâche dans le dos du bébé.

Les grandes marques différencient les deux ourlets par des coloris différents. C'est extrêmement judicieux, car cela permet de se repérer au cours de l'installation du bébé. De la même façon, le milieu est repéré par une étiquette ou par un motif, car la plupart des nouages commencent par le milieu de l'écharpe. Ce motif doit plutôt être imprimé que brodé, surtout s'il est au milieu de l'écharpe, car cela rigidifie extrêmement le tissu et empêche de soutenir le dos du bébé. La plupart du temps, les écharpes se terminent en pointe afin d'alléger la quantité de tissu restant après le nœud.

Les écharpes en sergé sont faites pour être utilisées en exploitant au maximum la technologie du tissu : serrage maximal zone par zone, une seule épaisseur, tensions dans la diagonale.

Plus l'écharpe est courte, plus elle est facile à manipuler et à serrer et moins on met d'épaisseurs dans le dos du bébé. L'apprentissage des techniques de serrage et d'installation permet d'utiliser au mieux toutes les qualités du tissu. À l'inverse, il est difficile de se sentir bien dans une écharpe lâche et on ressent le besoin de multiplier les couches de tissu pour faire tenir le bébé !

En pratique, la plupart des parents réussissent à trouver un nouage confortable avec une écharpe de 3,50 m, si on leur apprend à l'utiliser de façon optimale.

Une écharpe trop longue est plus chère et source d'échecs. Elle traîne par terre dès que l'enfant grandit, car les nouages sur le côté ou sur le dos demandent moins de longueur. Ce n'est pas la taille du porteur qui influe le plus sur la longueur de l'écharpe, c'est sa corpulence. Au-delà de la taille 42/44, il peut être judicieux d'opter pour une écharpe d'un peu plus de 4 m.

Apprendre à nouer une écharpe demande du temps et de la patience. La plupart du temps, les parents vont apprendre auprès de personnes expérimentées et formées à la relation d'aide dans les ateliers de portage. Les familles qui attendent un enfant apprécient particulièrement de participer à un atelier en toute fin de grossesse. Des poupons lestés sont prêtés aux participants et des écharpes de démonstration permettent de se préparer à la naissance future. Le bébé peut être ainsi porté dès la naissance, à la maternité, puis un deuxième atelier permet de se perfectionner.

Vous trouverez en fin d'ouvrage des adresses de réseaux de conseillers et conseillères en portage afin d'en trouver un(e) près de chez vous.

LES DIFFÉRENTS TISSUS POUR LES ÉCHARPES

Il existe des écharpes qui ne sont pas en sergé croisé, mais elles ne permettent pas les mêmes installations car la répartition des tensions est différente. Elles peuvent être tissées droit (toile indienne, sergé droit...) et donc sans répartition possible des tensions, ou bien tricotées (polaire, jersey...) et le serrage se fait de façon uniforme, plaquant le bébé au lieu de le mouler. En général, ce type d'écharpe nécessite d'adapter l'installation, par exemple en utilisant plusieurs épaisseurs de tissu pour compenser, et leur usage est donc très différent. Les écharpes en jersey sont assez confortables pour le porteur, notamment au niveau des épaules, et très douces, mais ne permettent pas un réglage zone par zone. Elles sont donc plutôt adaptées à des grands bébés, qui savent déjà s'asseoir seuls, et pour de courtes durées. C'est l'âge de votre bébé et la durée du portage que vous souhaitez faire qui vous permettront de choisir au mieux pour vous et votre enfant.

CHAPITRE 3

La pratique du portage en écharpe

LES POINTS CLÉS DES NOUAGES

Il existe une cinquantaine de nouages différents, mais beaucoup de parents utilisent au quotidien deux ou trois nouages, pour pouvoir porter soit longtemps, soit sur de courts moments.

De plus il est facile d'apprendre une variante d'un nœud que l'on maîtrise déjà bien.

C'est pourquoi nous avons choisi de vous proposer une boîte à outils, avec certaines clés pour réussir les nouages que vous souhaitez réaliser, plutôt que de vous proposer un catalogue complet, qui ne serait jamais exhaustif. Ce livre peut venir en complément par exemple d'un atelier auquel vous souhaitez participer, car le niveau de serrage est tel qu'il est difficile de l'imaginer sans aide. Avec les techniques expliquées ici, vous devriez avoir tous les outils pour apprendre ensuite de nouveaux nouages et expérimenter le plaisir du portage en écharpe avec votre bébé.

Prendre son bébé

Pour prendre votre bébé, soutenez-le sous les fesses et dans son dos (voir page 28)

PENDANT L'INSTALLATION

Il est important de soutenir en permanence les fesses de votre bébé. Cela le rassure et il peut participer au portage pour vous aider. Vous mettez ainsi toutes les chances de votre côté pour réussir votre nouage.

Les fiches techniques suivantes vous seront utiles dans tous les nouages.

La volte

Les voltes et les vrilles permettent de créer des lignes de tension dans la diagonale du tissu et optimisent les performances du sergé croisé.

A

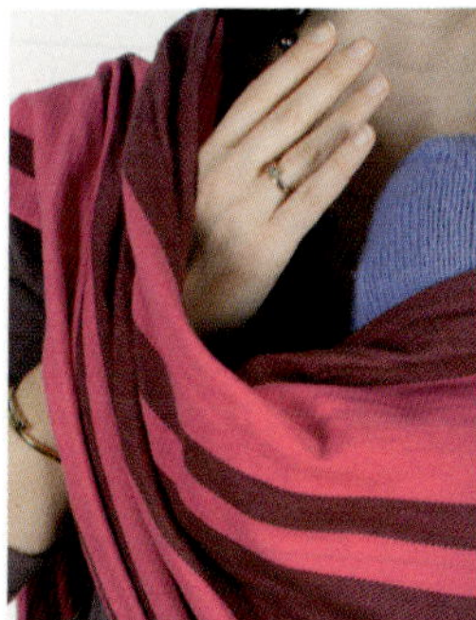

B

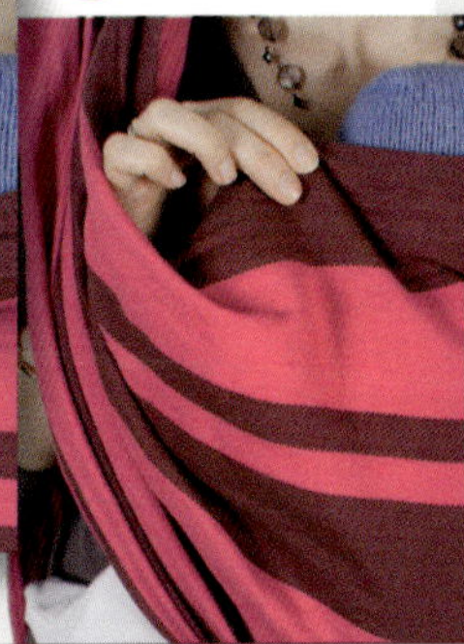

C

1 Pour faire une volte, utilisez la main qui se trouve du même côté que le pan.

2 Passez votre main sous le tissu, attrapez l'ourlet près de l'oreille de votre bébé, puis retournez-le en passant sous le pan.

A

B

3 Déployez le tissu, et secouez-le afin qu'il se déroule jusqu'à la pointe.

A

B

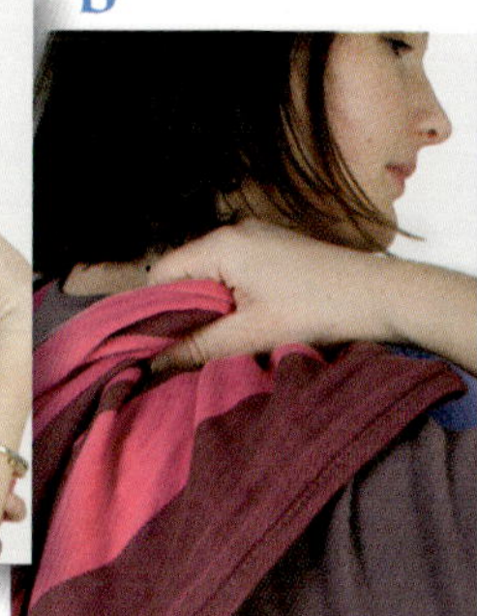

4 Installez l'ourlet sur votre bras comme une manche courte, le reste du tissu étant sur l'épaule.

VARIANTE

A

B

C

Déployez le tissu sur votre bras et attrapez l'ourlet du bas. Repliez votre coude et posez le tissu sur votre épaule. Faites ressortir l'ourlet qui passe près de la nuque de votre bébé et posez-le sur votre bras, comme une petite manche.

Le serrage pan par pan

Le serrage est la partie la plus importante de l'installation de votre bébé. **Un serrage maximal et zone par zone permet un confort optimal. Il ne faut pas hésiter à serrer fort.**

1 *Commencez par saisir l'ourlet du bas. En vous repérant avec les couleurs, vérifiez que c'est celui qui passe près de la tête de votre bébé. Le serrage se fait toujours de haut en bas en suivant sa colonne vertébrale. Tirez fort sur le tissu, de façon à ne pas laisser de plis sur la nuque de votre bébé. En gardant la tension du tissu, passez l'ourlet dans l'autre main.*

A

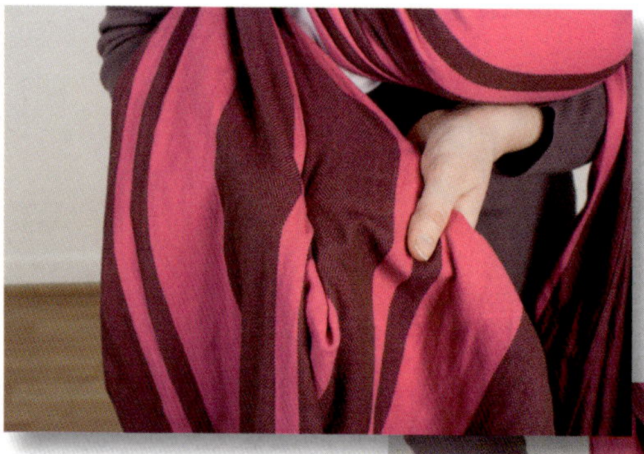

B

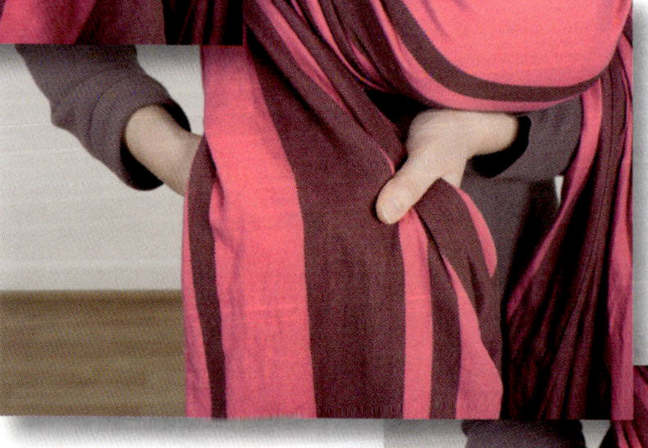

C

2 *Attrapez le tissu bande par bande, tous les 5 cm environ, et serrez chaque bande de la même façon en faisant passer le tissu à l'autre main à chaque fois. Essayez de ne pas perdre de tension au cours du serrage. Certains parents se repèrent en prenant une largeur de pouce à chaque fois.*

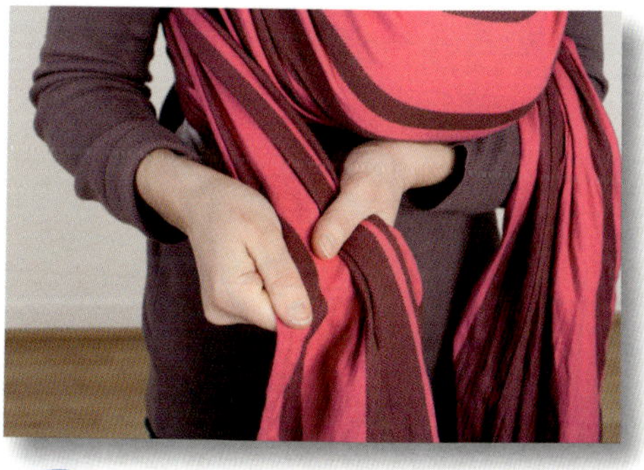

3 Serrez bien jusqu'au dernier ourlet.

VARIANTE

Au lieu de serrer par en dessous, certains parents préfèrent serrer bande par bande par le dessus.
L'écharpe est faite pour être serrée au maximum, le plus fort possible. Certains parents sont étonnés au début par ce serrage, puis sont rapidement rassurés par leur bébé et par le confort que cela apporte. Le tissu doit être tendu des oreilles aux genoux, le reste du tissu restant derrière les genoux (et non sous les fesses).

Le nœud plat

Il est intéressant de savoir faire un nœud plat, car il ne forme pas de boule sous les fesses de l'enfant ou dans le dos du porteur. Il apporte beaucoup de confort tout en étant sécurisant.

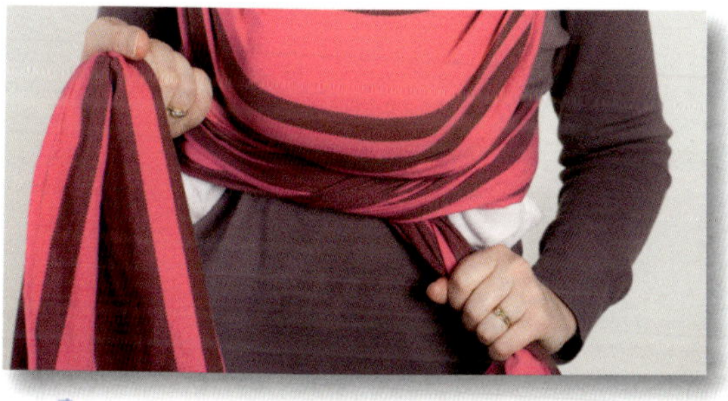

1 Faites un premier nœud classique en serrant bien fort.

2 *Passez le pan qui ressort le plus haut par-dessus l'autre pan : le pan du dessus va dessus.*

A

B

3 Faites un second nœud.

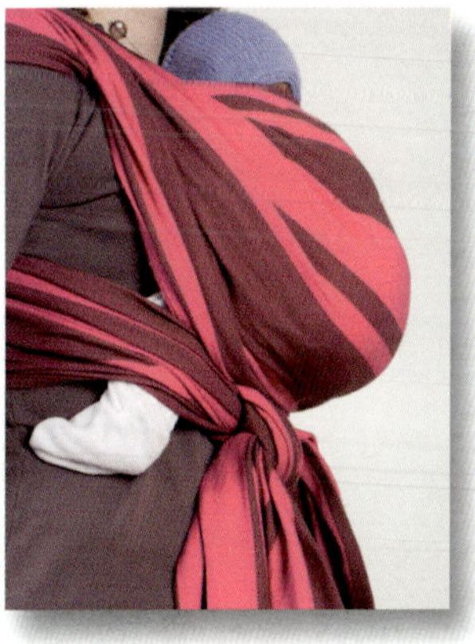

4 *Loin des fesses, le nœud évite des impacts supplémentaires au bébé.*

Plus on utilise de longueur d'écharpe avant de faire le nœud, plus il y a de risques de perdre de la tension. Si l'écharpe est trop longue, le nœud plat est idéal avant de répartir le tissu résiduel.

PORTER SUR LE DEVANT

Ce nouage de base permet de porter bébé sur de longues durées, à la maison ou en sortie. Il demande un peu d'apprentissage, en particulier si vous aviez l'habitude d'utiliser un autre type de nœud.

Le kangourou devant

Les parents qui débutent par ce nœud le trouvent facile à réaliser et il permet de se familiariser avec tous les principes du portage : le serrage, les voltes et le nœud plat.

QUAND INSTALLER MON BÉBÉ ?

Contrairement à ce qu'on peut penser, un bébé qui dort est très facile à installer dans l'écharpe ou le sling. De la même façon qu'il est capable de téter en sommeil léger, il participe activement à son portage.

Avantages

- Le poids du bébé est bien réparti.
- Ce portage, rapproché et haut, est confortable pour le porteur.
- Le bébé adopte une bonne position : accroupi, soutenu, dos arrondi.
- Le bébé peut tourner sa tête, ce qui lui donne une bonne visibilité.
- Une écharpe courte suffit.
- Le tissu ne forme pas de ceinture autour du ventre, l'appui se fait sur les épaules.
- L'allaitement (allongé ou vertical) est facile.

Inconvénients

- Ce nœud nécessite l'apprentissage des bases du portage (voltes, serrage...).
- Les voltes sur les bras gênent certains porteurs.
- Il est nécessaire de maintenir le bébé pendant toute l'installation.

Installation de l'écharpe

1 *Attrapez votre écharpe par son milieu.*

2 *Placez le milieu de l'écharpe sous les fesses de votre bébé puis remontez chacun des pans sur chaque épaule.*

A

B

C

VARIANTE

Installez le milieu de l'écharpe au niveau de votre nombril, un pan sur chaque épaule, puis prenez votre bébé bien haut sur une épaule, en le soutenant par les fesses. En passant votre main sous le pan, allez chercher ses jambes pour installer le bébé dans la boucle.

Installation du bébé dans l'écharpe

Aidez votre bébé à s'accrocher à vous en basculant son bassin et en remontant ses genoux.

1. *Retenez le tissu au niveau des genoux avec votre main bien à plat, puis attrapez l'ourlet du haut.*

2. *Tirez doucement le tissu jusqu'aux oreilles, sans faire de pli.*

Les voltes sur les épaules

A

B

C

Attrapez l'ourlet près des oreilles et faites une volte d'un côté (voir page 73). Avec l'autre main, faites une volte de l'autre côté.

• Ajustement du tissu

A

B

1 En tenant toujours votre bébé, passez une main derrière votre dos.

2 Passez sous les pans et attrapez l'ourlet le plus éloigné.

B

A

3 Ramenez cet ourlet devant et tirez le tissu pour le tendre.

4 *Ensuite faites votre serrage bande par bande dans toute la largeur (voir page 74).*

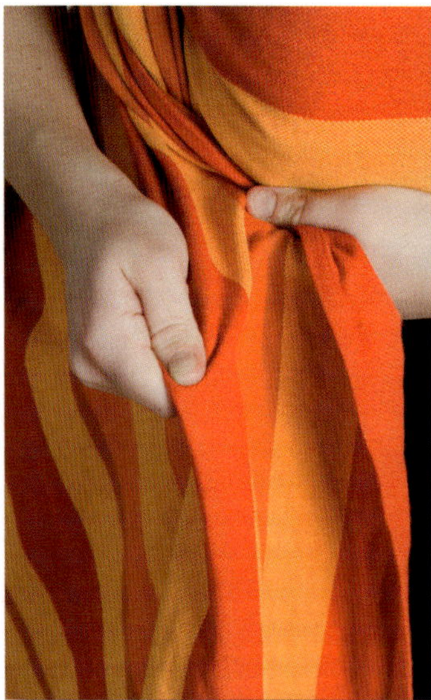

Vous pouvez vous aider des bandes de couleur pour vous repérer et serrer de haut en bas.

A

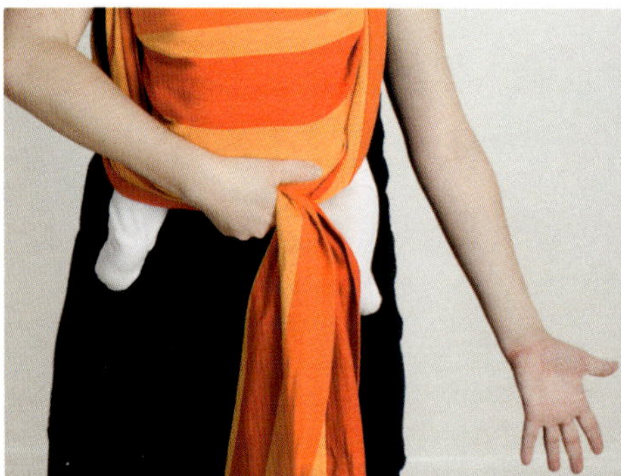

B

5 *Changez de main, en gardant le tissu tendu tout en tenant votre bébé. Allez chercher l'autre pan puis faites votre serrage de la même manière jusqu'au dernier ourlet.*

D

C

Le nœud final

1 Faites un premier nœud en serrant bien fort. Cela permet au bébé de s'accroupir un peu plus.

2 Nouez en dessous en faisant un nœud plat (voir page 75).

QUAND VOTRE BÉBÉ PLEURE

S'il arrive que votre bébé pleure pendant le nouage, observez-le : a-t-il faim, ou besoin d'être changé ? A-t-il sommeil ? Ses dents le gênent-elles ? Êtes-vous tendue ? Vérifiez qu'il se sente en sécurité, que vous le souteniez bien dans sa base.
Même si votre serrage n'est pas complètement terminé, finissez rapidement votre nouage. Une fois contenu, il s'apaisera et se relâchera dans les instants qui suivent. Marchez, bougez pour le bercer. Vous pourrez resserrer votre nouage plus tard.

Derniers réglages

1 Pour aider votre bébé à s'accroupir, penchez-vous en avant pour remonter ses genoux.

2 Si les voltes vous gênent, vous pouvez remonter l'ourlet en le repliant sur lui-même. Cela évite de défaire la volte.

Le croisé enveloppé (ou enveloppé croisé)

Avantages

- Le début de l'installation se fait sans le bébé, ce qui rassure certains parents.
- Le bébé est bien assis, dos arrondi.
- Le bébé est proche du porteur, avec un serrage point par point.
- Le bébé a une bonne visibilité si les pans sont bien écartés.
- Un pan tiré peut protéger le bébé du soleil ou du bruit.

Inconvénients

- Seul l'allaitement en position verticale est possible.
- Le bébé n'est pas suspendu mais plaqué (serrage horizontal).
- Il y a trois épaisseurs de tissu sous les fesses.
- Ce nœud peut être gênant au niveau des aisselles, notamment pour les mamans qui allaitent.
- Une grande longueur d'écharpe est nécessaire.
- Le poids du bébé et le tissu tirent vers l'avant, ce qui peut entraîner une compensation du porteur.
- Le tissu crée une ceinture : le tissu appuie sur le ventre.

LES CROISÉS DEVANT

Ces nœuds sont extrêmement répandus et, comme les nombreux nœuds qui existent, il est assez facile de trouver des explications sur Internet ou sur les notices des fabricants. Les parents qui ont expérimenté le nouage kangourou ne trouvent pas de difficulté à réaliser ces nœuds. Ces nouages ne comportent pas de technique comme la volte ou le nœud plat, ils sont donc plus rapides à transmettre, que ce soit par un vendeur ou tout simplement de mère à mère.

Le double croisé (ou croisé simple)

Avantages

- L'écharpe peut être installée entièrement avant de mettre le bébé dedans.
- Il n'est pas nécessaire de défaire le nœud pour enlever et remettre le bébé.
- En serrant bien, le bébé est proche du porteur.
- L'allaitement est très facile, avec un bébé en position verticale ou couchée.

Inconvénients

- À cause de la croix, le dos du bébé ne s'arrondit pas facilement.
- Le bébé ne reste pas toujours accroupi, parfois les pans se resserrent et les jambes ont tendance à pendre.
- À cause des pans, le bébé n'a pas une bonne visibilité, ce qui peut l'amener à jeter sa tête en arrière.
- Le bébé est assis sur le nœud et sur trois épaisseurs de tissu.
- Ce nœud nécessite une écharpe longue.
- Le tissu forme une ceinture et appuie sur le ventre.

PORTER SUR LE CÔTÉ

Les nouages sur le côté accompagnent au mieux un développement harmonieux de la hanche. La hanche s'installe naturellement dans une position optimale. De plus, ces nouages sont moins intimes que les nouages devant et permettent un ajustement progressif de l'attachement entre un adulte et un bébé. Ils plaisent beaucoup aux parents adoptants, ou aux personnes qui s'occupent des enfants (assistante maternelle, personnel de crèche, par exemple).

Le kangourou sur le côté

Ce nouage est une variante du kangourou devant, utilisable dès la naissance et sur de longues périodes. Certains parents l'apprécient particulièrement quand leur enfant grandit et devient plus encombrant ou lorsqu'il cherche à regarder son environnement.

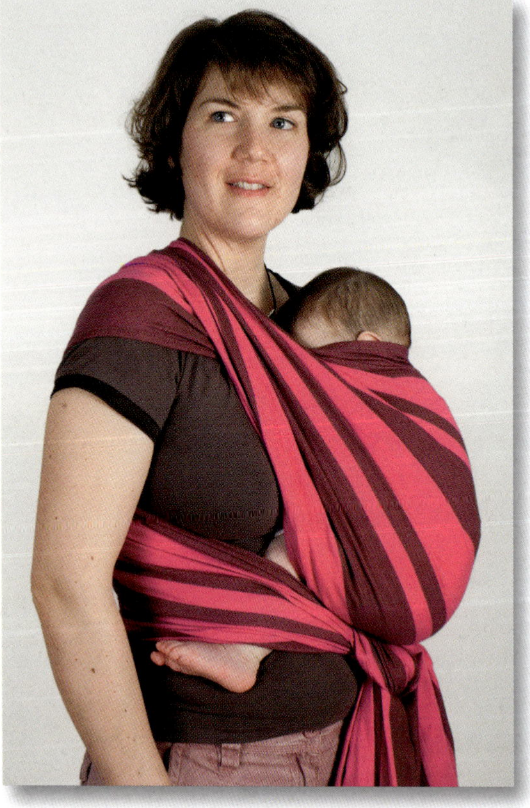

Avantages

- Confortable, ce nœud couvre bien le dos et assure une bonne répartition du poids (épaule, bassin, volte).
- Le bébé est accroupi, dos arrondi, soutenu zone par zone.
- Le bébé a une excellente visibilité, et peut choisir de regarder le monde extérieur.
- Le tissu ne forme pas de ceinture sur le ventre du porteur.
- L'allaitement est facile en position verticale, sans défaire l'écharpe.
- Le nœud est loin des fesses.
- Une écharpe courte suffit.
- Bonne visibilité pour le porteur, même avec un grand bébé.

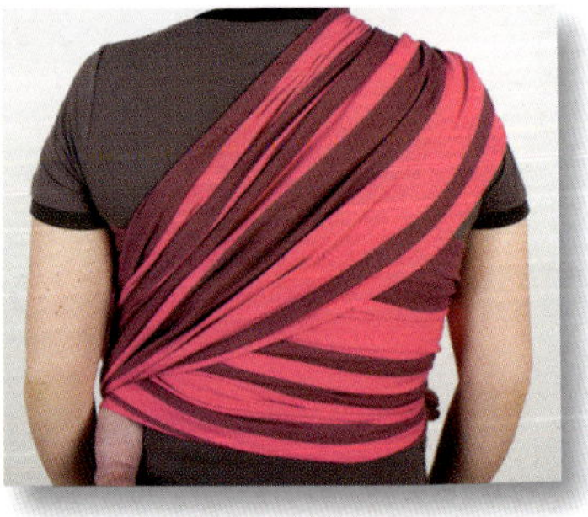

Inconvénients

- Ce portage asymétrique déséquilibre certaines personnes.
- Avec un enfant très lourd, l'installation peut être fastidieuse.
- Un seul sein est accessible.
- Un apprentissage est nécessaire.

Installation de l'écharpe

1 *Prenez votre écharpe par son milieu et posez-la sur votre épaule, du côté où vous ne porterez pas votre bébé.*

2 *Décalez le milieu de l'écharpe jusqu'au niveau de la ceinture en tirant sur le pan vers l'avant.*

A

B

C

D

3 *Faites le tour de votre bassin, en passant devant puis derrière, sous le pan. Ramenez le tissu devant et posez-le sur votre épaule, en attente.*

Installation du bébé dans l'écharpe

A

B

1 Prenez votre bébé bien haut sur l'épaule du côté où vous souhaitez le porter et faites passer ses jambes dans la boucle. Le tissu se trouve derrière ses genoux et votre bébé s'installe sur votre taille. Laissez-lui le temps de s'accrocher à vous.

A

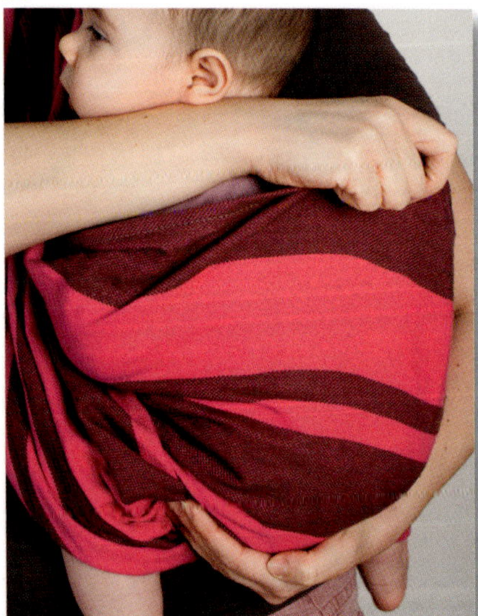

B

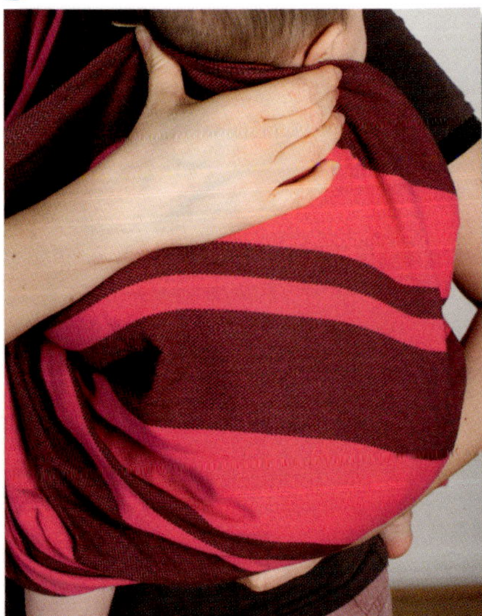

2 En tenant fermement le tissu sous les fesses de votre bébé, attrapez avec l'autre main l'ourlet du haut et tirez-le doucement jusqu'à ses oreilles. En gardant toujours votre main sous ses fesses, vous lui permettez de s'accrocher à vous.

• Serrage du 1er pan

A

B

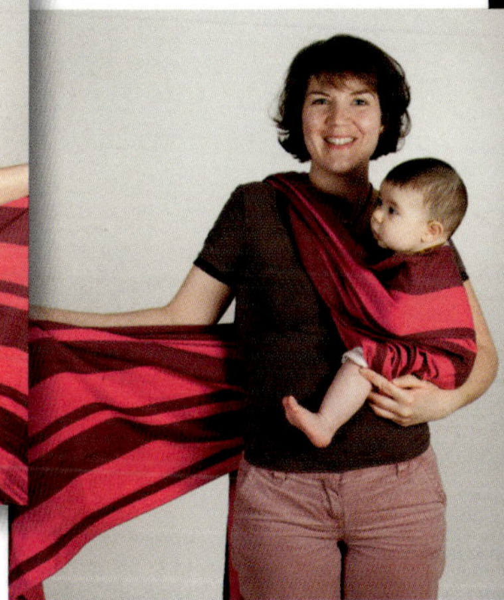

C

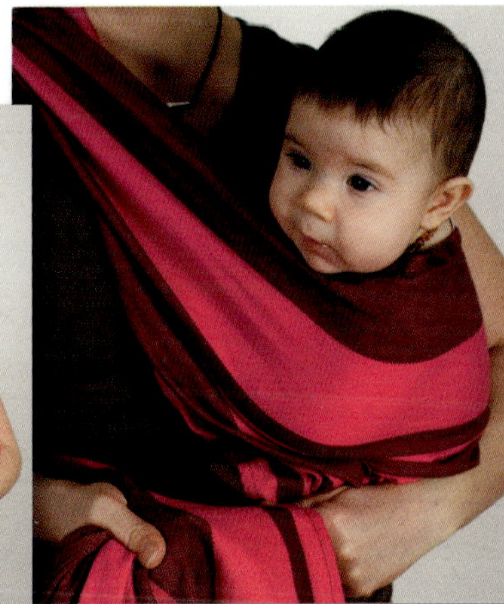

Reprenez le pan en attente sur votre épaule et attrapez-le par l'ourlet du haut (celui qui passe par la nuque de votre bébé). Attrapez-le bande par bande (voir page 74), en serrant au maximum à chaque fois afin de mouler le dos de votre bébé. Essayez de le déployer au maximum dans votre dos pour votre confort.

ATTENTION

Les pieds de votre bébé doivent être sortis de l'écharpe.

• La volte sur l'épaule

Tout le tissu serré est dans votre main sous les fesses de votre bébé. Avec votre main libre, faites une volte avec le pan de tissu (voir page 73).

A

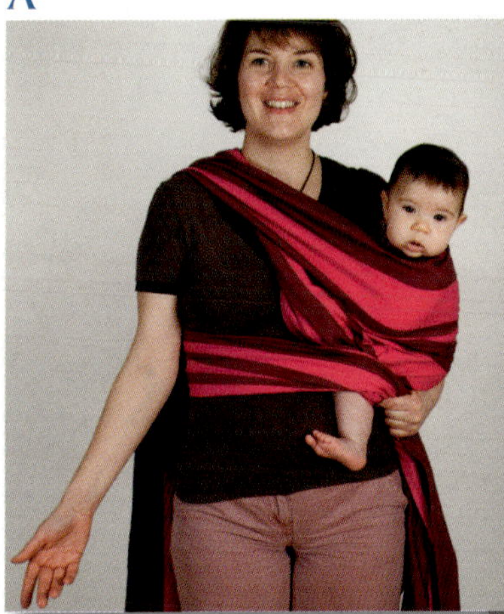

B

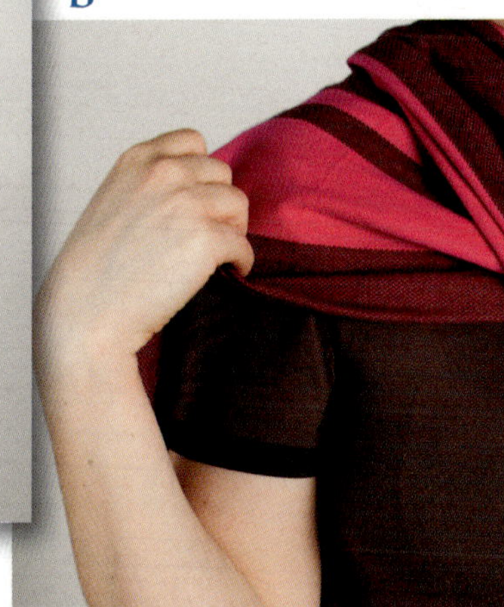

Serrage du 2^{e} pan

A

B

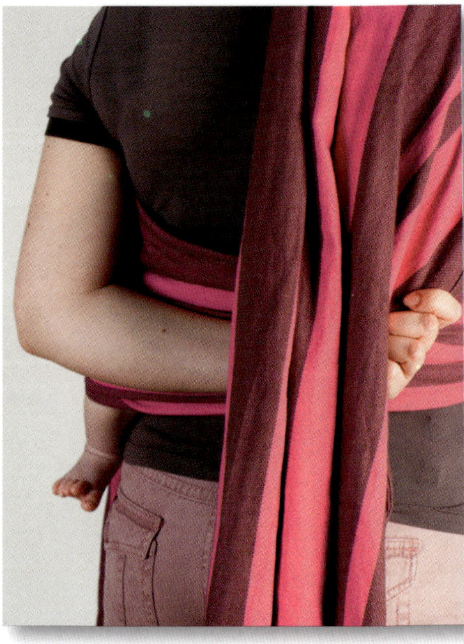

C

D

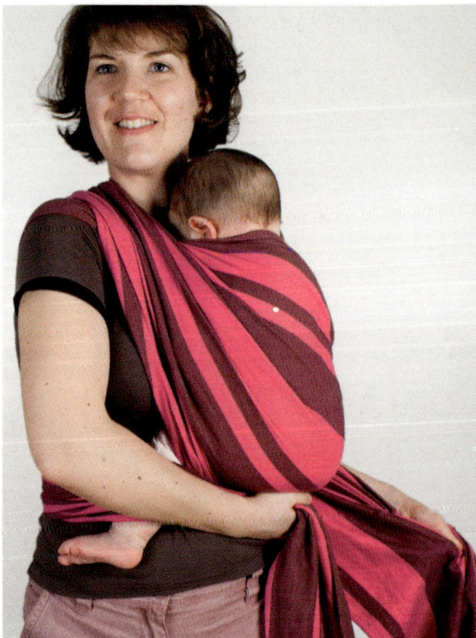

1 Changez de main, passez-la derrière votre dos, sous le pan, et attrapez l'ourlet le plus loin. Ramenez-le devant et faites un serrage bande par bande en commençant par l'ourlet qui passe derrière la nuque de votre bébé.

A

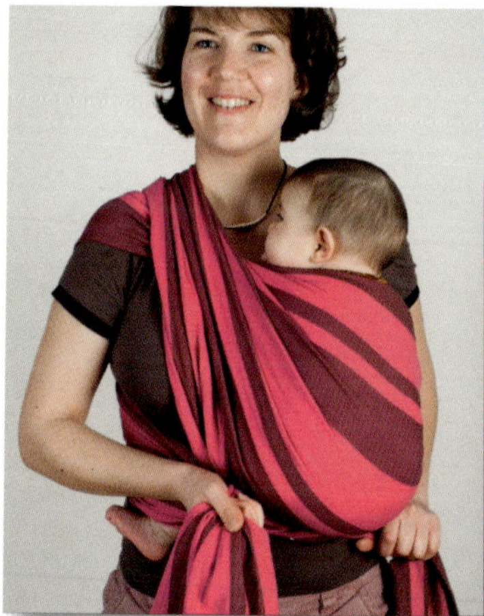

B

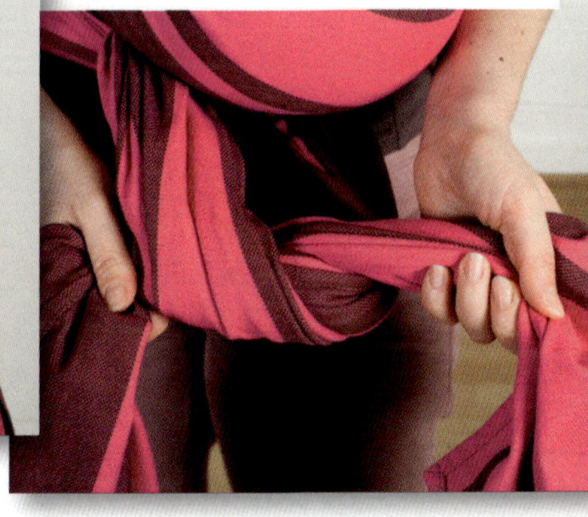

C

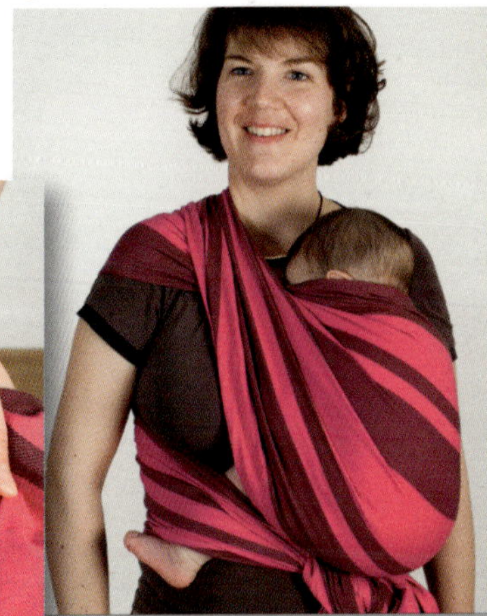

2 Enfin faites un nœud plat (voir page 75), en serrant bien pour aider votre bébé à s'accroupir.

VARIANTE

Certains bébés préfèrent avoir les jambes par dessus le pan.

Derniers réglages

A

B

Si vous avez beaucoup de tissu sur l'épaule, cela peut devenir inconfortable si le bébé est lourd. Pour répartir le poids il suffit de prendre l'ourlet près de votre cou et de le rabattre sur l'ourlet de la volte, sur le bras.

La hanche réglable

Ce nouage est très confortable, rapide à installer et permet de serrer zone par zone. On peut le faire dès la naissance, même prématurée, et pour de longues périodes.

C'EST NOUVEAU !

Pour un bébé, changer de point de vue peut être très déstabilisant. Beaucoup de bébés pleurent ou manifestent leur étonnement quand on essaye une nouvelle façon de les porter, en changeant de côté ou bien de porte-bébé. Après avoir vérifié qu'il ne s'agit pas d'un autre besoin, il suffit de finir rapidement le nouage et d'aller marcher un peu pour lui faire découvrir cette nouvelle vue. Certains bébés ont besoin d'un temps d'adaptation aux changements. Quand votre bébé se détend et s'enroule dans l'écharpe, vous pouvez alors resserrer ou refaire le nouage.

Avantages

- Ce nœud est rapide à installer.
- Confortable pour le porteur, ce nœud offre une assez bonne répartition du poids.
- Le bébé est bien accroupi et arrondi, soutenu zone par zone.
- L'allaitement est facile, même sans défaire le nouage.
- Le bébé a une bonne visibilité et peut choisir de regarder le monde extérieur.
- Le porteur a une grande liberté de mouvement.
- Une écharpe courte suffit.

Inconvénients

- Le nouage asymétrique peut déstabiliser.
- Un seul sein est accessible.
- Avec un enfant très lourd, l'installation peut être fastidieuse.
- Un apprentissage est nécessaire.

Installation de l'écharpe

1 *Placez le milieu de l'écharpe sur l'épaule où vous n'allez pas porter votre bébé.*

A

B

2 *Ramenez devant le pan situé dans votre dos. Passez-le par-dessus l'autre pan, comme pour former un quatre, puis repliez le pan de devant sur lui-même et posez-le sur votre épaule.*

3 *Vous avez formé une boucle que vous posez bien haut sur votre épaule.*

A

B

Installation du bébé dans l'écharpe

A

B

C

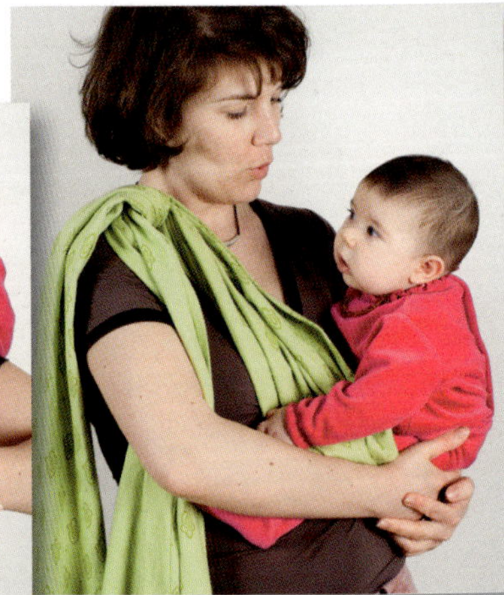

1 *Prenez votre bébé bien haut sur votre épaule, en le soutenant par les fesses, et allez chercher ses jambes pour les passer dans le hamac. Votre bébé s'installe sur votre taille, laissez-lui le temps de s'accrocher à vous.*

A

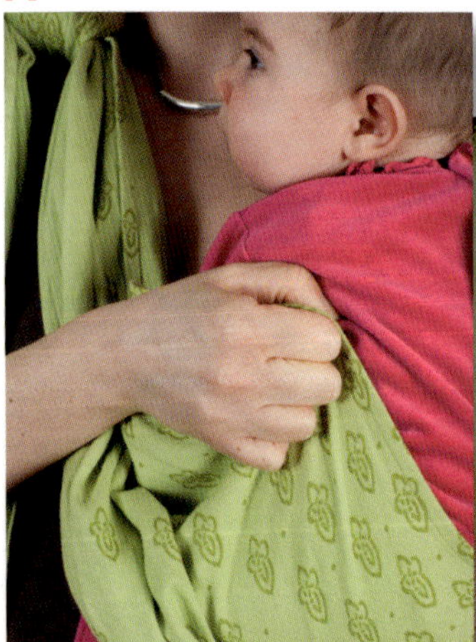

B

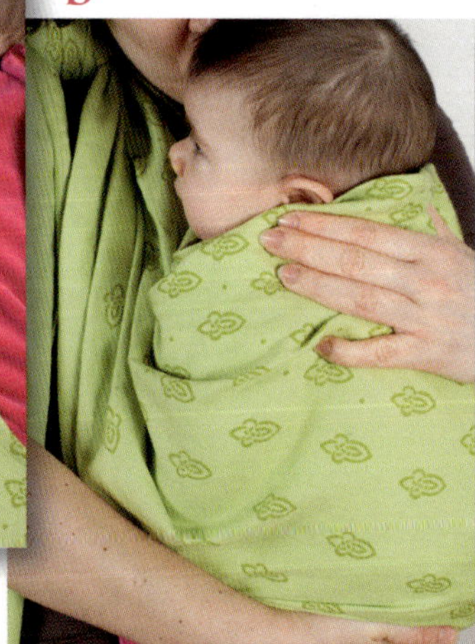

2 *En retenant fermement le tissu sous ses fesses, avec l'autre main tirez doucement l'ourlet du haut jusqu'à ses oreilles.*

COMBIEN DE TEMPS PORTER SON BÉBÉ ?

Un enfant est souvent porté quand il dort ou pour les déplacements. Ce sont donc les besoins de votre bébé et son âge qui vont déterminer le temps de portage dans une journée. Écoutez les besoins de votre bébé et les vôtres, vous trouverez ce qui vous convient.

JUSQU'À QUEL ÂGE ?

Si l'enfant est idéalement installé, vous pourrez le porter longtemps sans que son poids ne vous gêne. Vous le porterez donc en fonction de ses besoins, de ses envies et des vôtres, sans limite d'âge, jusqu'à 25 kg.

3 *Attrapez fermement le pan derrière et gardez-le en main tout le long du serrage, sous les fesses de votre bébé. Avec l'autre main, repérez l'ourlet qui passe près de sa nuque.*

A

B

C

A

B

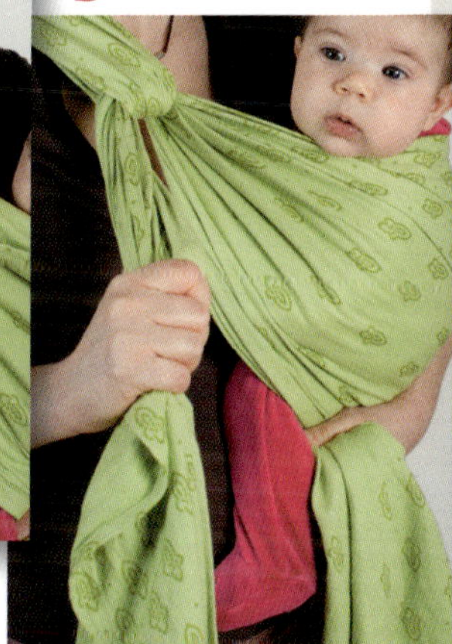

C

4 *Faites un serrage bande par bande en donnant le tissu tendu au fur et à mesure à l'autre main et terminez par un nœud plat* *(voir pages 74-75).*

La volte finale

Vous avez deux épaisseurs de tissu sur votre épaule. Pour votre confort et pour une bonne répartition du poids, attrapez chacune d'elle et déployez le tissu au maximum, en commençant par le dessous.

A

B

PORTER SUR LE DOS

Le portage sur le dos est celui qui est le plus utilisé dans le monde, en particulier pour faire dormir les enfants. C'est une installation confortable, qui libère les bras et permet d'avoir d'autres activités en toute sécurité. Quand le bébé est placé suffisamment haut, il profite de la vue sur le monde et participe aux échanges.

Le kangourou dans le dos

C'est une variante du kangourou devant, qui peut être utilisée dès la naissance et sur de longues périodes, car le bébé est bien soutenu.

Avantages

- Ce nouage est facile à apprendre.
- C'est un nouage confortable pour le porteur, le poids est bien réparti.
- Le bébé adopte une bonne position : bien accroupi, dos arrondi, soutenu zone par zone.
- Le porteur a une bonne visibilité, ce qui est sécurisant (quand on cuisine par exemple).
- Le bébé a une bonne visibilité, il peut participer aux échanges.
- Une écharpe courte suffit.

Inconvénients

- En fonction des morphologies d'épaule, il faut adapter le nœud final (voir les variantes femme enceinte page 111).
- Nécessite de dépasser les peurs culturelles du portage sur le dos.
- L'allaitement est impossible.

LE SAVIEZ-VOUS ?

Un enfant qui pleure, qui est énervé, est complètement dans son émotion et déconnecté de ses sensations. En lui proposant des tapotements rythmés sous les fesses, vous allez faire vibrer l'ensemble de son squelette. Ces vibrations vont amener sa conscience à l'intérieur de son corps, l'aider à lâcher ses tensions et à se détendre.

• Installation du bébé dans le dos

1 Prenez votre écharpe par son milieu.

A

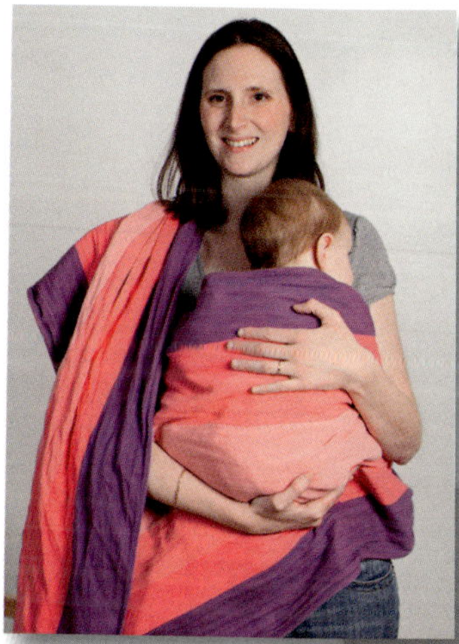

B

2 Installez votre bébé contre vous, le milieu de l'écharpe dans son dos, tissu bien déployé, sans pli, jusqu'à ses oreilles. Passez un pan dans votre dos puis sur l'autre épaule.

3 Faites passer votre bébé dans votre dos sous l'aisselle en tirant le pan et en le soutenant sous les fesses.

VARIANTE

MONTER UN BÉBÉ SUR LE DOS DÈS LE PREMIER MOIS

1 Posez votre bébé à califourchon sur votre cuisse et installez l'écharpe comme une petite cape.

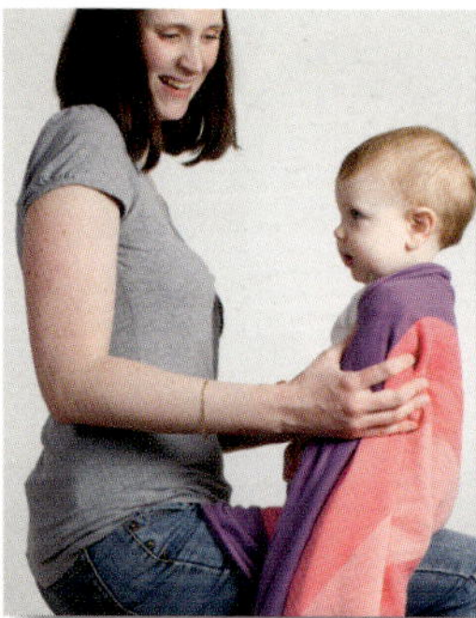

A

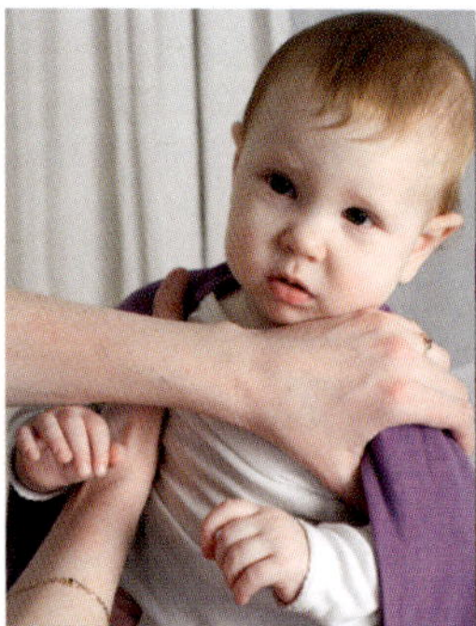

B

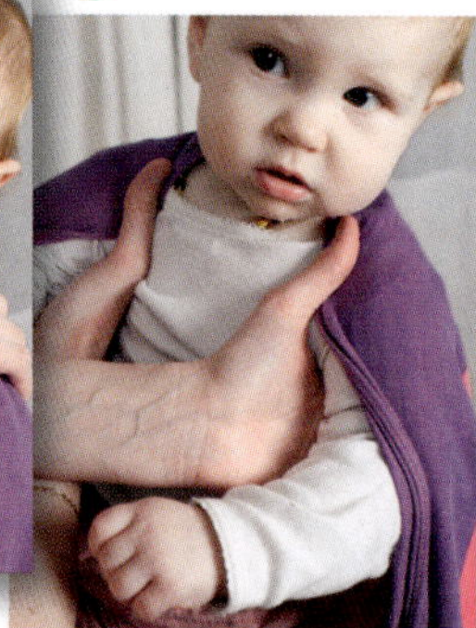

2 Tenez fermement le tissu et les épaules de votre bébé en croisant les mains, la main du dessus paume vers le bas ou les deux paumes vers le haut, comme vous préférez.

A

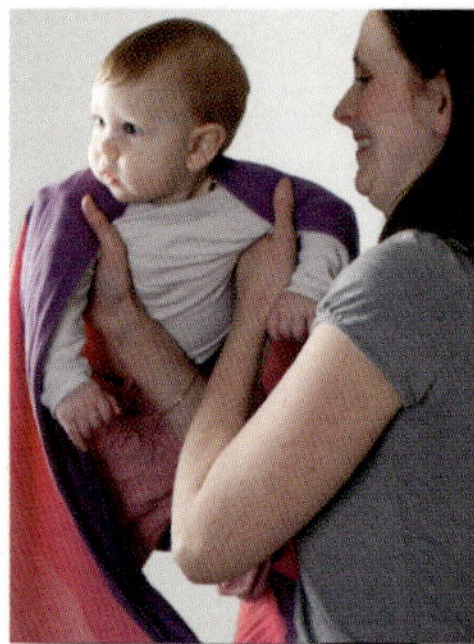

B

C

3 Montez votre bébé par-dessus votre tête et décroisez les bras. Posez votre bébé sur votre dos. Une main tient toujours une épaule, l'autre main vient soutenir sous les fesses et récupérer le tissu.

Installation de l'écharpe

A

B

1 Les deux pans sont sur chaque épaule. Tenez votre bébé d'une main sous les fesses et cambrez votre dos pour permettre à votre bébé de s'accrocher à vous. Avec l'autre main attrapez l'ourlet du bas et posez-le près du cou en le passant par en dessous. Cela permet d'aider le bébé à rester accroupi le temps de l'installation.

SE PENCHER EN AVANT ?

Vous pouvez vous pencher un peu en avant si cela vous rassure et vous aide à installer votre bébé. Toutefois, quand on se penche trop, le bébé est déséquilibré et il se met en arrière, ce qui complique l'installation. Se cambrer pendant le nouage optimise le serrage et permet au bébé de s'accrocher à vous.

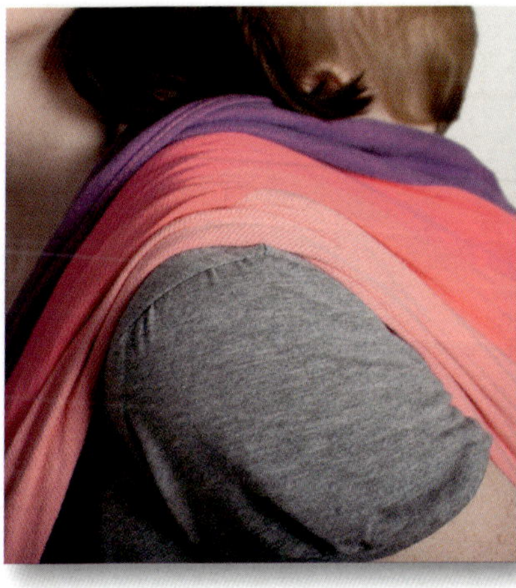

2 *Rabattez l'ourlet du haut sur votre épaule. En changeant de main et en soutenant toujours votre bébé, faites la même chose de l'autre côté.*

3 *Pendant l'installation et le serrage, tout le tissu est sur l'épaule et non sur le bras.*

Serrage de l'écharpe

A

B

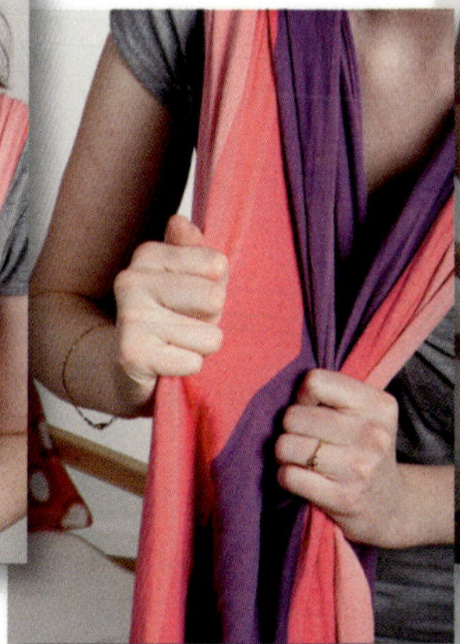

C

D

Quand l'écharpe est installée sur les deux épaules, vous pouvez lâcher les fesses de votre bébé en tenant fermement les deux pans. Avec les deux mains, faites un serrage bande par bande en commençant par l'ourlet du haut (voir page 74).

VARIANTE

SI VOUS PRÉFÉREZ TENIR VOTRE BÉBÉ D'UNE MAIN

A

B

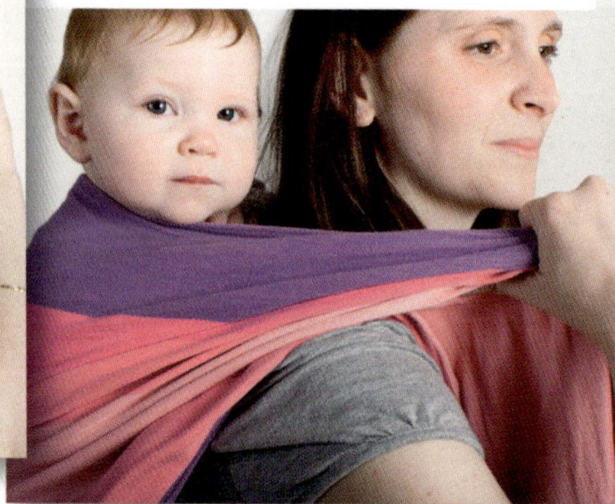

C

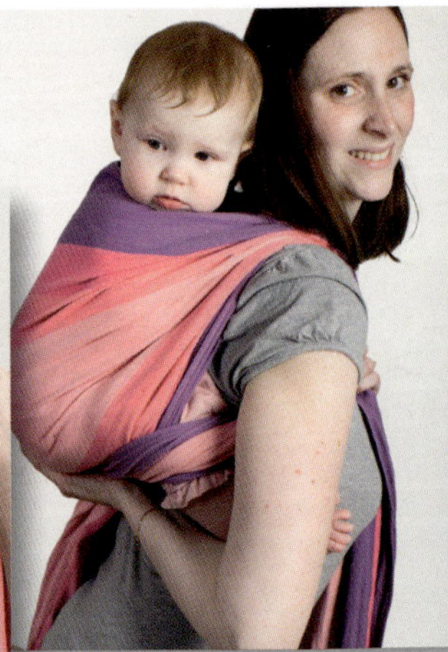

Avec votre main libre, prenez un pan et faites un serrage bande par bande, en commençant par le haut. Allez chercher avec le pouce chaque bande bien haut, près de votre bébé, et gardez le tissu serré dans votre main. Pour changer de main, amenez le tissu serré sous les fesses pour soutenir en même temps votre bébé. Puis faites le même serrage de l'autre côté.

Les vrilles

A

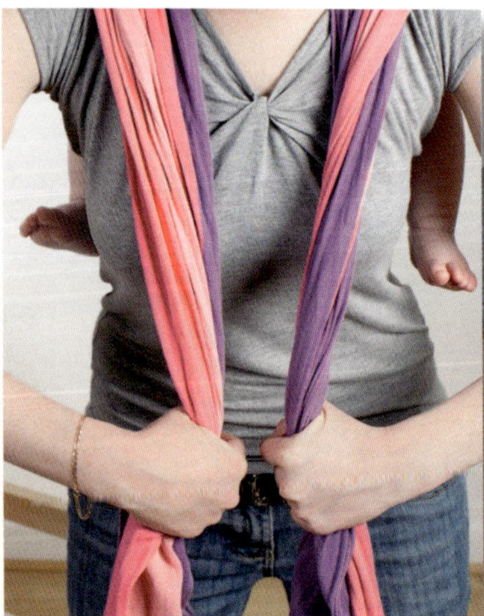

B

C

Reprenez les deux pans serrés, sans lâcher la tension, et enroulez-les vers l'intérieur de façon à faire plusieurs vrilles. Laissez la partie posée sur l'épaule bien à plat.

Le nœud final

A

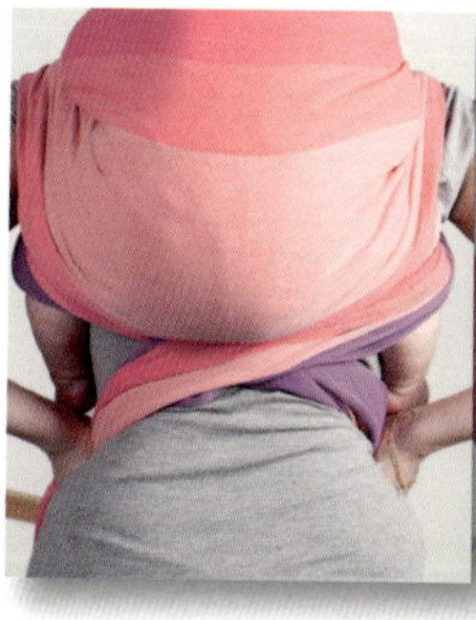

B

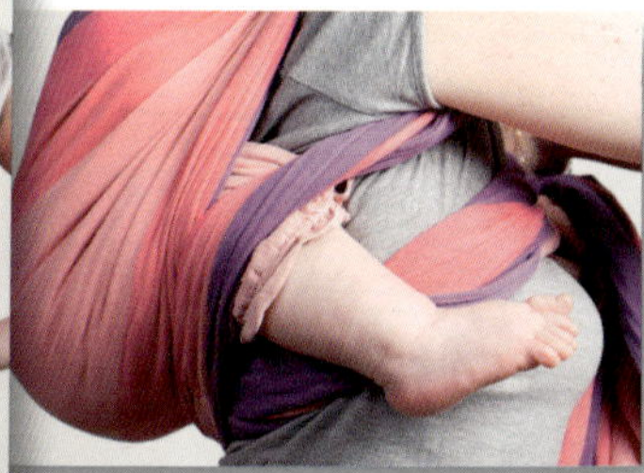

1 *Enfin, passez les deux bretelles ainsi formées derrière, sur les genoux de votre bébé, puis croisez et passez dessous.*

A

B

VARIANTE

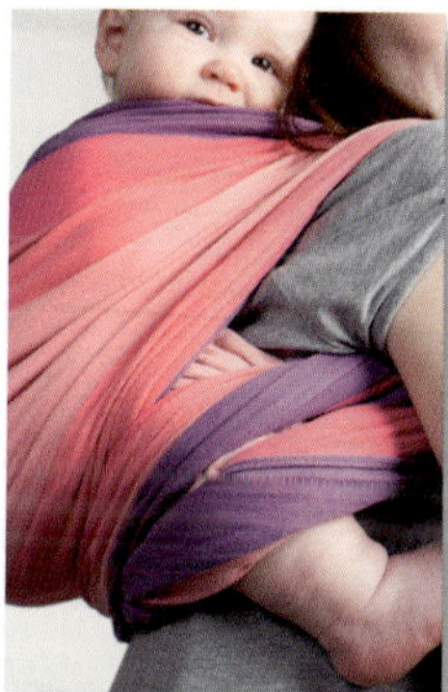

Certains parents apprécient le contact avec leur bébé en passant les bretelles sur les genoux puis encore dessus après avoir croisé.

2 *Ramenez les pans devant, et serrez fermement. Terminez par un nœud plat (voir page 75).*

Pour faire descendre votre bébé

A

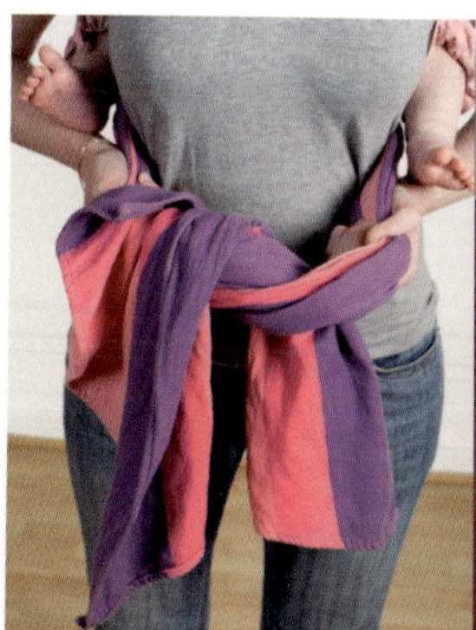

B

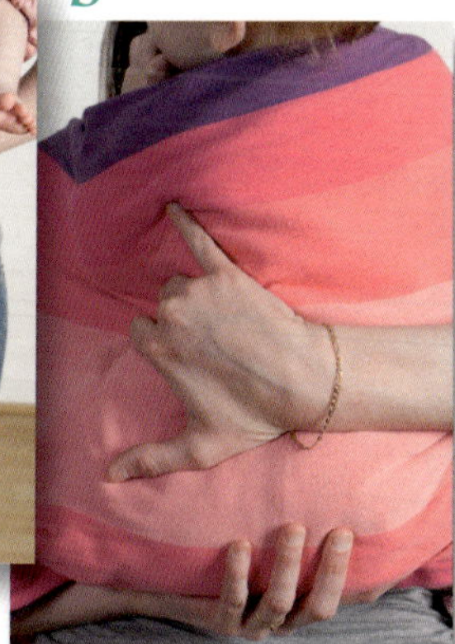

1 *Dénouez l'écharpe et allez chercher votre bébé derrière, une main sous ses fesses, l'autre sur son flanc.*

A

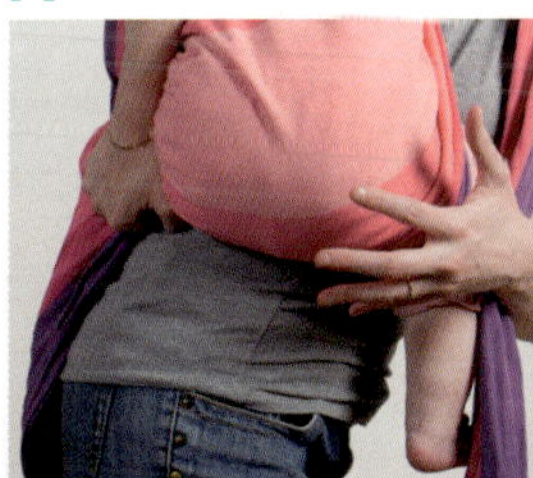

B

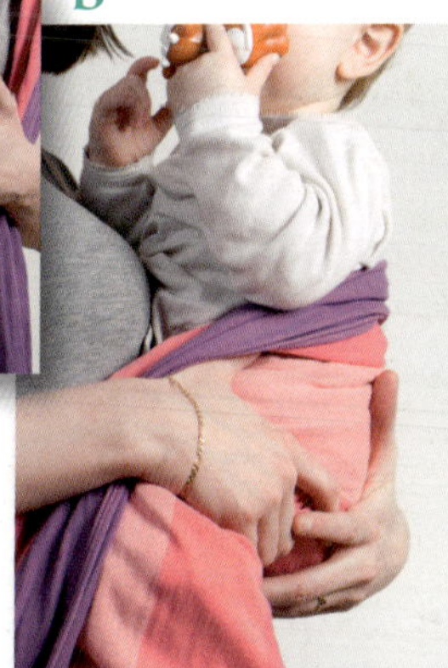

2 *Faites passer votre bébé sous votre bras et ramenez-le devant.*

PORTER DANS UN HAMAC

Les nouages en hamac sont des installations où le tissu forme une boucle simple autour du porteur. Ils représentent la forme la plus simple du portage avec un tissu.

La hanche simple

Ce nouage est très pratique car il offre la possibilité de le laisser noué et de l'utiliser plusieurs fois de suite sans autre réglage. Comme le bébé est bien accroupi et son dos arrondi, c'est un nouage que l'on peut proposer dès la naissance, en position verticale. Il n'y a pas de réglage zone par zone, il est donc à réserver pour de courtes périodes de portage.

Il peut être réalisé avec n'importe quel type de tissu (serviette, paréo...) dans la mesure où il n'y a pas de serrage bande par bande et où il va être utilisé ponctuellement.

• Avantages

- Le bébé est bien accroupi, dos arrondi.
- L'allaitement est très facile, allongé ou vertical.
- Facile et rapide à installer, le nœud peut rester en place.
- Une écharpe très courte suffit (2,2 m environ).
- Les bras sont libres.
- Le bébé a une bonne visibilité, il peut choisir de regarder l'extérieur.

• Inconvénients

- Le portage asymétrique peut être déstabilisant.
- Le serrage ne se fait pas zone par zone.

Installation du hamac

1 Prenez l'écharpe par son milieu et posez-le sur l'épaule du côté où vous n'allez pas porter votre bébé.

A

B

2 Repérez votre taille et faites un nœud plat à ce niveau.

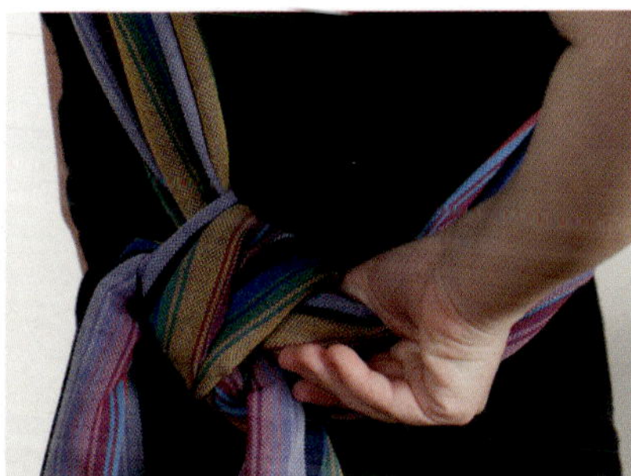

3 Faites glisser le nœud dans votre dos, assez bas.

Installation du bébé dans le hamac

A

B

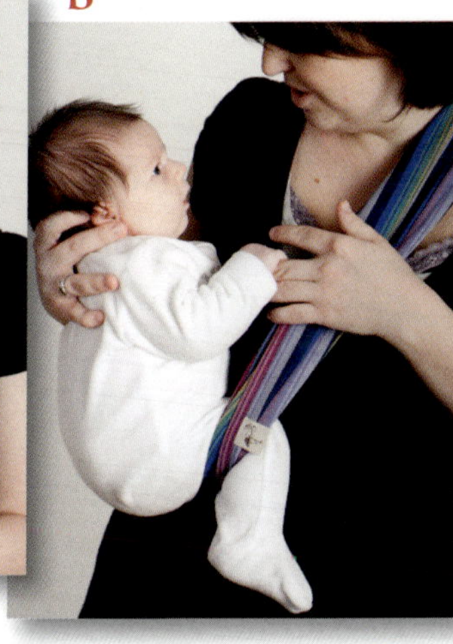

Prenez votre bébé bien haut sur votre épaule et attrapez ses jambes pour le passer dans le hamac. Ensuite, faites tourner le hamac de façon à asseoir votre bébé sur votre taille. Laissez le temps à votre bébé de s'accrocher à vous. Le nœud est remonté au milieu de votre dos.

Réglage du hamac

1 En tenant fermement le tissu sous les fesses, remontez l'ourlet du haut jusqu'aux oreilles de votre bébé.

2 Faites une volte en soulevant légèrement votre bébé pour vous aider (voir page 73).

A

B

C

D

3 Vous pouvez utiliser le tissu libre pour protéger votre bébé du soleil ou s'il dort.

LE SAVIEZ-VOUS ?

Des études ont montré que les bébés étaient mal oxygénés lorsqu'ils sont transportés allongés. Même si les notices proposent des variantes de ces nœuds en position allongée, il est intéressant de garder à l'esprit que les bébés sont faits pour être transportés verticalement.

LE PORTAGE FACE AU MONDE

Ce type d'installation est souvent mis en avant, afin d'offrir au bébé une meilleure vue sur le monde.
En pratique, le positionnement du bébé est inconfortable pour le porteur qui doit se pencher en arrière pour compenser. Le dos du bébé est tassé et ses jambes pendent. Tout le poids est reporté sur son entrejambe.
Il est vrai qu'il est intéressant de pouvoir proposer un regard vers l'extérieur au bébé. Porté face au monde, cette vue lui est cependant imposée puisqu'il ne peut plus se protéger et se tourner vers le porteur quand il en a besoin.
Le cerveau encore immature reçoit alors de nombreuses stimulations, au-delà de ses capacités.
Si l'on souhaite proposer au bébé un portage qui lui permette de profiter des échanges avec sa famille et son entourage, il est préférable d'adopter un nouage qui le soutienne au niveau de sa base, protège son dos et ses hanches. Avec un nouage sur le côté ou sur le dos, il peut se tourner vers le porteur et se protéger des surstimulations.

ATTENTION

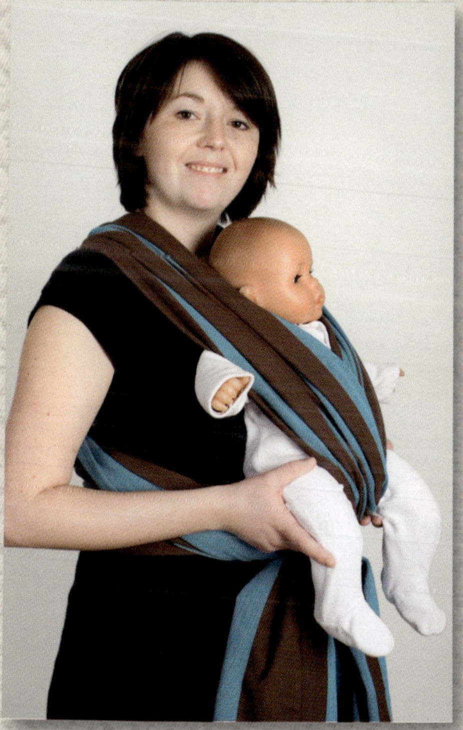

Ce nouage est déconseillé.

Le sling

Le sling en sergé croisé est un porte-bébé extrêmement pratique, qui respecte la physiologie du bébé grâce à la qualité du tissu.

Le bébé peut y être installé dès la naissance, même prématurée, et pour de longues périodes.

Avantages

- Le bébé est accroupi, dos arrondi, soutenu zone par zone.
- Idéal en collectivité, ce porte-bébé est peu encombrant, rapide et facile à installer.
- Cela permet de faire monter et descendre facilement un bambin.
- L'allaitement est très facile, vertical ou allongé.

Inconvénients

- Le nouage asymétrique peut être déstabilisant.
- Le poids est irrégulièrement réparti.
- L'installation sur le côté est pratiquement la seule possibilité pour le sling (il existe une variante pour le dos, qui reste d'usage très ponctuel).

Installation du sling

A

B

C

D

Prenez le sling avec la boucle tournée vers l'extérieur. Du côté où vous allez porter votre bébé, passez votre bras et votre tête dans le hamac. Posez la boucle très haut sur votre épaule.

Installation du bébé dans le sling

A

B

1 *Prenez votre bébé bien haut sur votre épaule, en le soutenant sous les fesses, et allez chercher ses jambes pour l'installer dans le hamac. Laissez-lui le temps de s'accrocher à vous.*

A

B

C

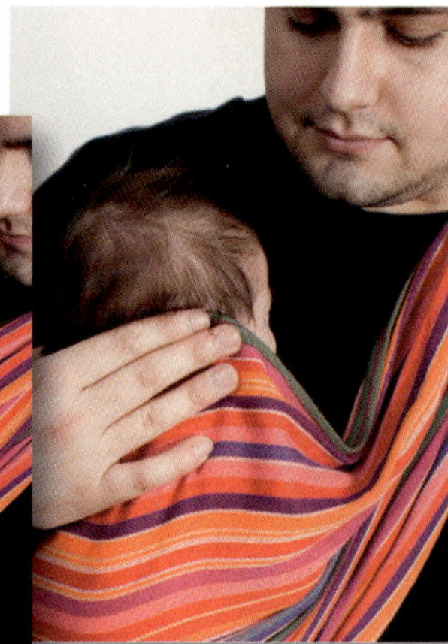

2 *Cherchez l'ourlet du haut. En tenant fermement le tissu, tirez-le doucement jusqu'aux oreilles de votre bébé.*

Serrage et ajustement

A

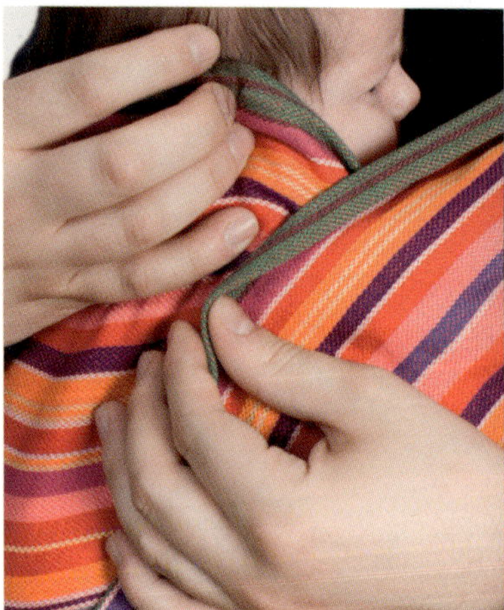

B

C

1 *Repérez l'ourlet qui passe par la nuque de votre bébé et serrez le tissu au maximum, bande par bande jusqu'au dernier ourlet.*

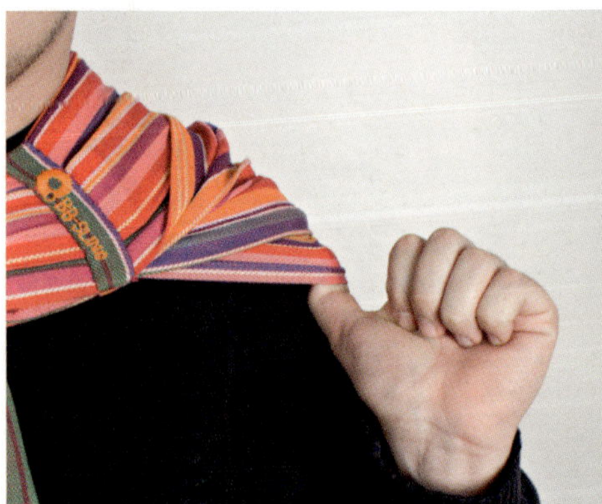

2 *Enfin, réglez le confort en répartissant le tissu sur votre épaule. Selon les modèles, il y a plus ou moins de tissu à répartir.*

Pour sortir votre bébé

A

B

C

D

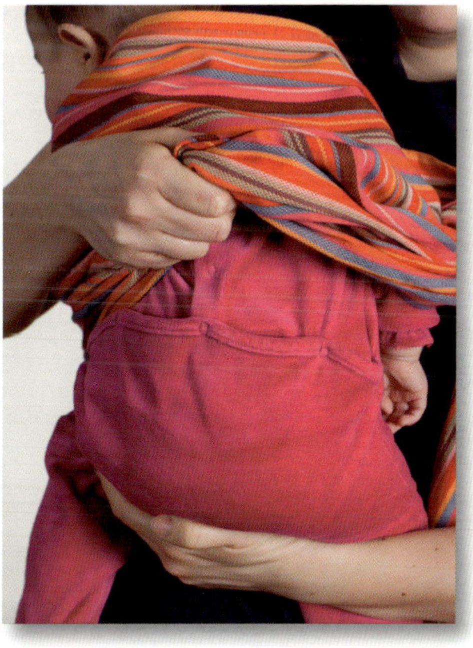

Soulevez les deux anneaux pour desserrer le système, puis faites passer votre bébé par en dessous.

CHAPITRE 4

Quelques situations au quotidien

PORTER EN ÉTANT ENCEINTE

Quand un nouveau bébé arrive dans la famille, c'est un véritable bouleversement dans nos habitudes et ce bébé prend déjà sa place au cours de la grossesse. Cependant, il peut arriver qu'il y ait à la maison un bébé ou un bambin, qui a encore besoin d'être porté, de façon occasionnelle ou parfois beaucoup plus, en cas de naissances rapprochées.

Enceinte, il est assez judicieux de demander de l'aide pour alléger les charges de la maison afin de s'occuper de soi et de pouvoir être plus disponible pour les aînés. Lorsqu'il est difficile de trouver du soutien, porter un aîné peut être une solution pour continuer à passer du temps avec lui.

Il est important alors de trouver un nouage qui ne pèse pas sur votre périnée. Mieux vaut éviter les nouages formant une ceinture sur votre ventre, et rechercher une façon confortable de faire le nœud.

En cours de grossesse, la poitrine de la mère prend du volume, et un engorgement est toujours possible. On veillera donc à ne pas créer de compression sur les seins ni sous les bras, car le tissu mammaire se prolonge jusqu'à ce niveau.

En pratique, les nouages sur le côté ou dans le dos se révèlent les plus pratiques, car ils offrent un meilleur champ de vision au porteur.

La hanche réglable (page 90) peut être une alternative intéressante. Elle permet de porter plus longtemps et plus confortablement un enfant, sans appuyer sur le ventre ni faire pression sur le périnée.

Si vous allaitez encore votre bambin, il est toujours possible de l'allonger ou de l'allaiter verticalement (voir les positions pour nourrir en portant).

La hanche simple (page 100) **et le sling** (page 104) permettent d'enlever et de remettre le bambin qui veut monter et descendre, sans aucune pression sur le ventre ni sur le périnée si l'on porte assez haut. Ces nouages asymétriques peuvent cependant être inconfortables au bout d'un certain temps ; il est donc particulièrement important de serrer au plus près, et l'on peut choisir de porter légèrement de trois quarts afin de répartir le poids.

Le kangourou dans le dos reste le même nœud (voir page 94), sauf que le nœud final est passé dans les bretelles et noué sur la poitrine (et non pas noué sur le ventre).

• Le kangourou dans le dos : variante du nœud final • • • •

A

B

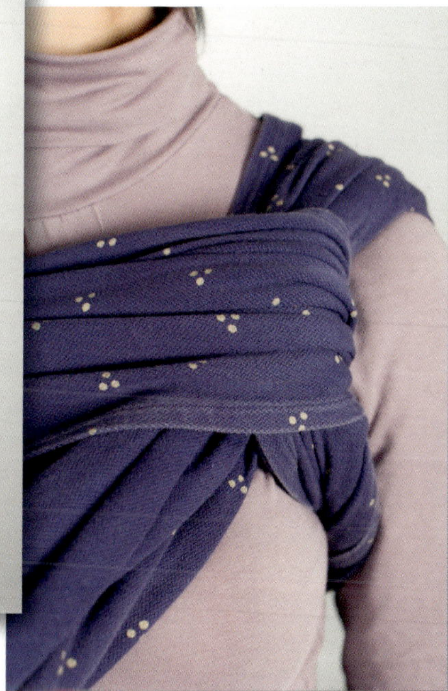

1 *Après l'installation dans le dos et le serrage, ramenez les pans devant et croisez-les sur la poitrine.*

A

B

C

2 *Passez chaque pan sous une bretelle et nouez devant, au-dessus de la poitrine. Ensuite, répartissez bien le tissu sur les seins afin de ne pas créer de compression.*

VARIANTE

LE KANGOUROU ASYMÉTRIQUE DANS LE DOS

Certaines mères trouvent l'épaisseur sur la poitrine inconfortable, il est alors possible de faire une variante : le kangourou asymétrique dans le dos.

Cette façon de monter votre bébé dans le dos est une variante de celle montrée page 95. Il est important que vous trouviez la façon qui vous rassure le plus et qui permette de monter bien haut votre bébé.

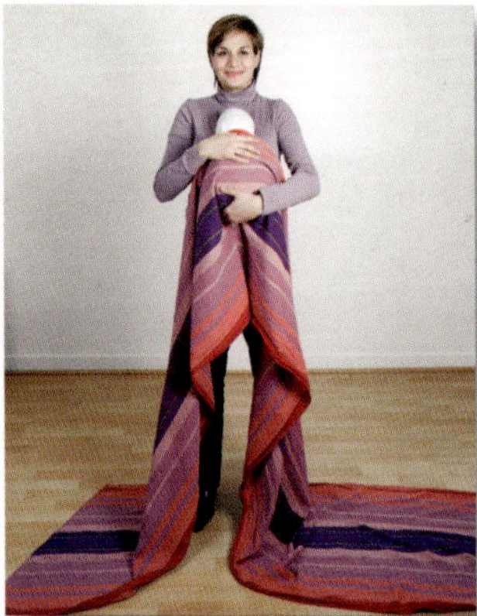

1 *Commencez devant avec votre bébé placé aux deux tiers de la longueur de l'écharpe pour avoir un pan long.*

A

B

2 *Faites-le glisser derrière comme pour le kangourou dans le dos.*

A

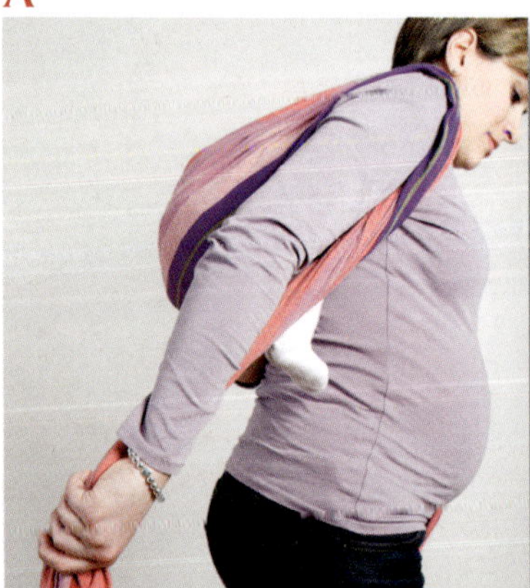

B

C

3 *Installez votre bébé, et serrez le pan le plus long, puis passez-le derrière au niveau de ses genoux. Seul un pan passe au niveau des genoux du bébé, l'autre pan reste maintenu entre vos propres genoux.*

A

B

C

4 Ramenez le pan devant, passez-le par-dessus le pan coincé par vos genoux, puis sous la bretelle opposée. Passez-le encore une fois de façon à le bloquer.

A

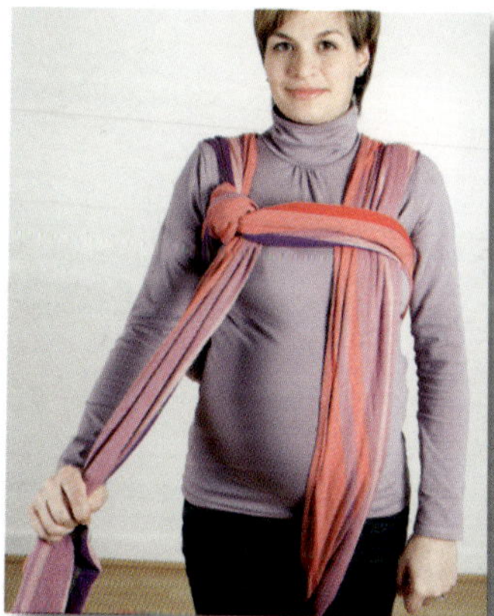

B

5 Attrapez le deuxième pan qui était coincé entre vos genoux et passez-le dans la boucle formée, puis repassez-le de nouveau pour le coincer. Si vous y arrivez, il est plus intéressant de garder le tissu tendu dans la main qu'entre les genoux, car on perd moins en qualité de serrage.

6 Une fois le nœud fini, vous pouvez décider de laisser les pans libres ou de les coincer vers l'arrière. Ce nœud permet un portage haut et aucune pression n'est créée sur le ventre ou le périnée.

A

B

PORTER APRÈS LA NAISSANCE

Quand on vient de donner naissance, le corps a besoin de temps et de réconfort pour récupérer. Si la plupart des cultures respectaient autrefois un temps de repos afin de laisser la mère se remettre et surtout permettre l'installation de la lactation et du lien mère-enfant, ce n'est plus le cas aujourd'hui. En France, les mères reçoivent peu de soutien dans les jours qui suivent la naissance et pourtant le bébé prend déjà toute la place dans l'organisation de la journée.

Pour pouvoir s'occuper de lui, le nourrir à la demande et avoir d'autres activités, un porte-bébé va souvent soulager grandement la mère.

Il est alors important de penser à protéger son corps, pour lui permettre de récupérer après la grossesse. En particulier, le périnée nécessite des précautions. Véritable hamac suspendu dans le bassin, cet ensemble complexe de muscles participe au soutien des organes du corps. Pendant la grossesse, les hormones lui permettent un certain relâchement qui facilitera le passage du bébé. Le poids et les pressions appuient sur le périnée, alors qu'il est responsable du soutien de la vessie et du côlon. Avec un périnée peu musclé, relâché ou abîmé, il est plus difficile de retenir ses urines ou ses selles.

Nous savons désormais, notamment grâce aux travaux de Bernadette de Gasquet, sage-femme professeure de yoga et formatrice, que certaines postures favorisent une poussée sur le périnée et nuisent à son fonctionnement :
- quand nous poussons vers l'avant (par exemple une poussette chargée, en côte) ;
- quand nous portons une charge assez bas.

Pour pouvoir porter bébé en protégeant son périnée, mieux vaut le porter très haut, afin de lever les pressions.

D'autre part, une forte pression sur le ventre va comprimer les organes et appuyer sur les intestins qui vont pousser sur le périnée. Certains nœuds (croisé enveloppé, croisé simple) forment une sorte de ceinture. Le poids du bébé a alors tendance à prendre appui sur cette « ceinture » et donc sur le périnée.

Pour préserver le périnée, mieux vaut donc éviter ces nœuds avant d'avoir fait la rééducation périnéale et n'en faire usage que pour des périodes courtes (moins d'une heure par exemple).

APRÈS UNE CÉSARIENNE

Votre peau va mettre un certain temps à cicatriser. Les muscles abdominaux ont également été traumatisés.
Toutes les positions conseillées pour les femmes enceintes conviennent, dans la mesure où le tissu n'appuie pas sur le ventre ni ne crée de pression sur vos abdominaux.
Certaines mères apprécient d'utiliser une écharpe très longue en jersey les premiers temps, car elle emballe et soutient le ventre et la cicatrice.
L'expérience d'autres mères ayant subi une césarienne peut être utile. Certaines associations ont pour but d'informer et de soutenir les mères césarisées (adresses en fin d'ouvrage).

PORTER UN ENFANT PRÉMATURÉ OU DE PETIT POIDS DE NAISSANCE

Dès que votre enfant est suffisamment stable pour être pris dans les bras, il peut être installé dans une écharpe ou un sling, même s'il a besoin d'oxygène ou de soins.
Il existe des écharpes moins larges (45 cm), qui permettent d'installer plus rapidement le nouage.
De nombreux parents adoptent d'abord le sling qui demande peu d'apprentissage. Ils commencent à utiliser une écharpe une fois que l'organisation familiale a trouvé un rythme.
Le sling permet d'accéder au sein pour tirer son lait et ne traîne pas par terre, ce qui est extrêmement pratique en milieu hospitalier.
Les postures pour les prématurés ou les bébés plus petits sont les mêmes que pour les autres bébés : accroupi, arrondi et soutenu. Le portage vertical, en kangourou devant, en sling ou même avec une hanche simple, va favoriser sa respiration, sa digestion et stimuler son appétit et ses compétences de succion.
N'hésitez pas à contacter un(e) conseiller(ère) en portage durant votre hospitalisation : à l'aide d'un poupon, il/elle pourra vous montrer comment porter votre bébé.

NOURRIR SON ENFANT EN LE PORTANT

Le bébé étant immature à la naissance, il a des besoins alimentaires particuliers. Les bébés prennent des volumes très faibles, une cuillérée à café les premiers jours de vie (au moment où le flux de lait devient plus abondant) et la valeur d'un noyau d'avocat à l'âge de 1 mois. La nature ayant tout prévu pour que le bébé puisse téter très souvent, les composants du lait sont faciles à digérer, ce qui lui permet de réclamer fréquemment.

Pour pouvoir accompagner de façon optimale la formidable croissance de son cerveau les trois premières années, le bébé humain a besoin durant cette période d'un apport spécifique d'aliments qui se trouvent uniquement dans le lait maternel : des graisses (dont des acides gras polyinsaturés pour la construction) et du sucre (dont le lactose pour l'énergie).

D'autre part, son système de défense est également immature, et le bébé va trouver dans le lait de sa mère des moyens de défense différents et qui se complètent :

- des composants chargés directement de le défendre (comme des soldats contre les microbes) ;
- des composants ayant un rôle protecteur (ils vont former un film sur les parois du tube digestif et engluer les microbes) ;
- des composants qui vont stimuler son propre système de défense.

Tout ceci nous permet de comprendre pourquoi le bébé a besoin de faire de nombreux petits repas, allant de 7 à 12 prises alimentaires par jour jusqu'à l'âge de 2 ans environ.

Petites quantités prises
Besoins fréquents
Besoin de défense
Besoin de sécurité
→ **nombreux petits repas**

Le portage favorise un contact prolongé entre la mère et l'enfant : il permet donc à la mère de repérer les moments propices pour proposer le sein à son bébé, avant qu'il ne soit affamé ou énervé et bien avant qu'il en arrive aux pleurs. On a constaté que les bébés calmes tètent plus efficacement et que les mères sont alors moins sujettes aux crevasses et aux engorgements.

Cette situation aide à respecter le rythme physiologique de la plupart des nourrissons : petites tétées fréquentes dans une proximité sécurisante pour l'enfant. L'allaitement aux signes d'éveil de l'enfant les premières semaines, puis à la demande quand la mère a appris à la reconnaître chez son enfant, contribue à démarrer la lactation, puis à l'entretenir de façon confortable pour la mère et pour l'enfant.

Beaucoup de mères apprécient de garder leur enfant dans le système de portage pour le nourrir. Outre l'aspect pratique, l'enfant est tenu tout contre sa mère, ce qui favorise une prise efficace du sein, indolore pour la mère.

Cette possibilité dépend du type de porte-bébé utilisé. Dans l'écharpe, il est généralement possible d'adapter la position pour allaiter. En revanche, certains porte-bébés sont fastidieux à défaire pour le temps de la tétée.

À partir d'un kangourou devant

À la verticale

Il suffit de desserrer légèrement le nouage et de placer votre bébé face au sein. Cette position, très rapide à installer, va également aider les bébés qui ont du mal à digérer. En effet, si votre bébé se montre très agité lors des tétées ou si vous avez parfois l'impression que votre lait sort en jets inconfortables pour lui, cette technique d'allaitement lui permettra de mieux gérer le débit de lait. Le lait va gicler au fond de la gorge et non plus en arrière du nez, ce qui va lui permettre de respirer en avalant le moins d'air possible.

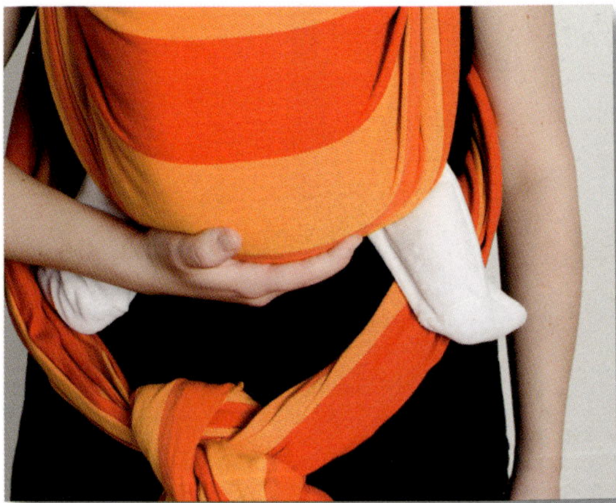

2 *Sortez les jambes du bébé des pans sur les côtés.*

À l'horizontale, en berceau

Si vous préférez nourrir votre enfant en position allongée, il suffit de le basculer.

A

B

1 *Desserrez le nœud sans le défaire complètement.*

3 *Placez votre bébé à l'horizontale.*

Au début la plupart des parents sont étonnés par la hauteur.

A

B

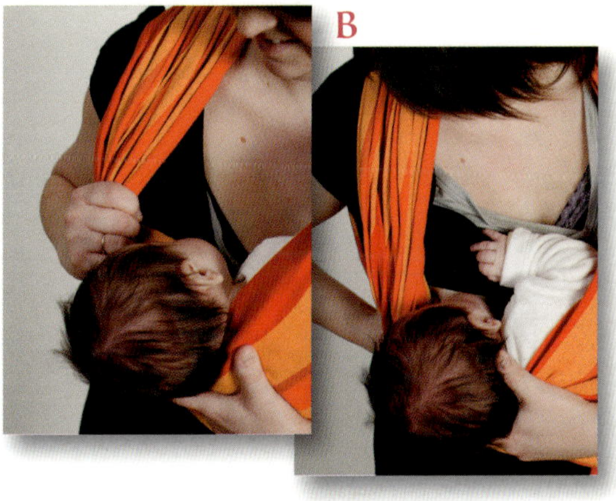

4 En tirant sur le pan côté tête, en direction du sein (et non en descendant le tissu sur le bras), le bébé va descendre doucement vers le sein, comme en ascenseur.

Dans cette position, le bébé a toujours le dos arrondi et soutenu, le tissu allant sous les genoux.

Grâce à ce soutien du tissu et de votre main, vous allez aider votre bébé à se concentrer sur la prise du sein, car il est trop petit pour gérer le soutien de son corps. Bien plaqué contre vous, menton contre l'arrondi du sein, le nez face au mamelon, il va pouvoir ouvrir la bouche et téter.

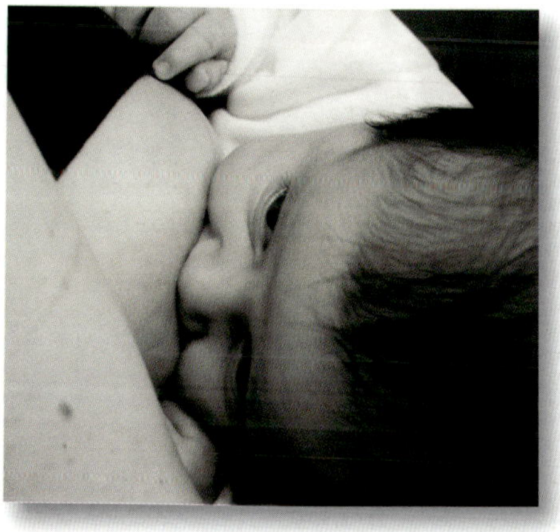

5 Votre main libre peut vous servir à soutenir votre sein pour le présenter à bébé et l'aider.

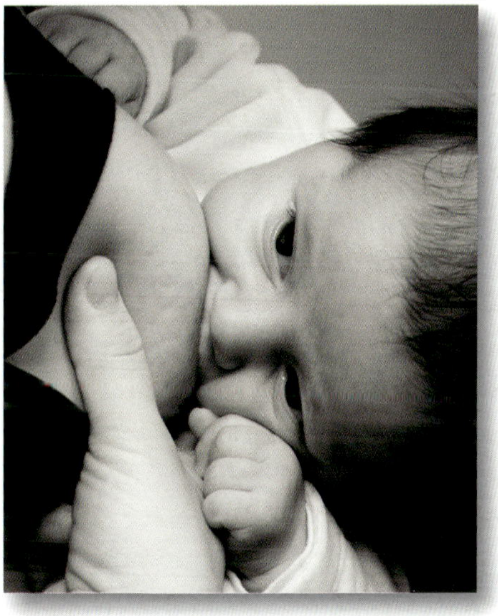

6 Vous pouvez également compresser le sein, en appuyant fermement, sans douleur de part et d'autre du mamelon, à quelques centimètres de l'aréole, afin d'augmenter le débit de lait, ou en fin de tétée pour obtenir plus de lait gras ou stimuler votre lactation.

COMMENT RÉINSTALLER MON BÉBÉ APRÈS LA TÉTÉE ?

Après la tétée, le bébé est remis en position verticale, les jambes à l'intérieur des pans sur les côtés. On refait les voltes, et le nœud est défait complètement afin d'être resserré point par point.

Ces positions allongées ne sont pas adaptées à la marche de longue durée, en particulier pour la hanche de votre bébé car les jambes ne sont pas relevées-accroupies, mais cela permet d'avoir les mains libres durant une tétée.

Avec un croisé enveloppé

Avec ce nœud il est beaucoup plus difficile de faire téter le bébé, et on ne peut le faire qu'en position verticale, en desserrant légèrement le nœud pour faire descendre bébé face au sein.

Avec une hanche simple ou un sling

A

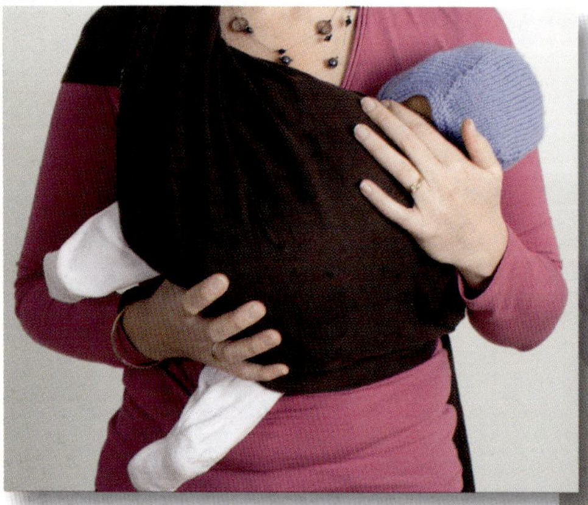

B

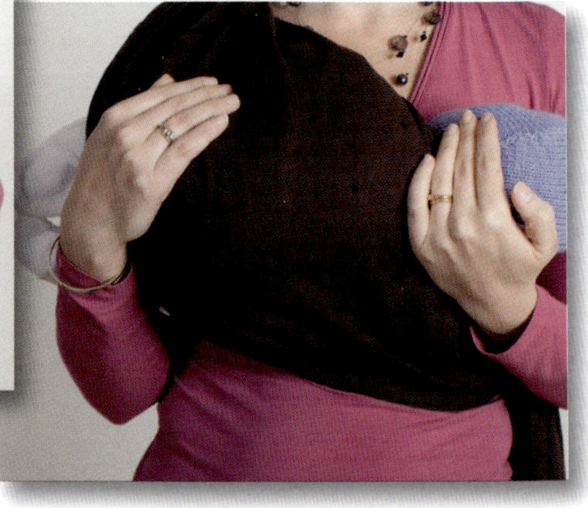

1 Le bébé est basculé sur le côté pour être allongé.

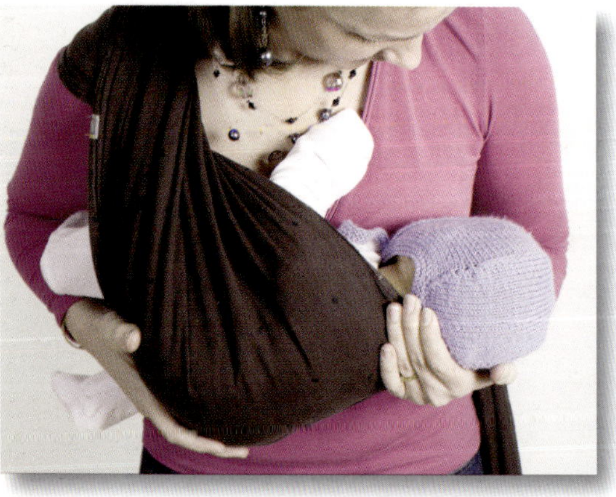

2 En le soutenant par sa base, vous pouvez le soulever et le basculer, la tête étant du côté opposé à la volte.

3 Avec un sling, le soutien de votre bébé peut être modifié facilement en resserrant le tissu en fonction des besoins de votre bébé.

Le sling permet aussi de nourrir son enfant au biberon.

COMMENT FAIRE AVEC UN BIBERON ?

Dans la même position, le bébé peut être allongé, tourné un peu moins vers le porteur et nourri au biberon. Cette position permet de préparer un biberon de lait à la dernière minute, avec les deux mains libres.

Le bébé installé verticalement pour téter est souvent plus alerte et plus éveillé. Cette position permet en outre d'allaiter plus efficacement un bébé de petit poids ou un bébé qui dort beaucoup.

Beaucoup de mères réussissent à nourrir plus fréquemment leur bébé et à avoir des tétées plus efficaces en le portant et en l'allaitant verticalement.

PRÉSERVER SON INTIMITÉ

Votre bébé va réclamer dans les endroits les plus divers et insolites, parfois vous pouvez préférer protéger votre poitrine des regards ou du froid. Votre bébé a besoin d'avoir la tête libre pour chercher et attraper le sein. Si vous le souhaitez, utilisez le pan libre de l'écharpe ou du sling.

Avec un kangourou sur le côté

Le bébé est simplement décalé et allaité verticalement. Beaucoup de mères apprécient ce nouage pour sa simplicité d'installation, car il n'y a rien à modifier.

PORTER DES JUMEAUX OU DES ENFANTS D'ÂGE RAPPROCHÉ

Quand on a deux enfants d'âge rapproché, avoir un porte-bébé confortable et pratique devient quasiment indispensable. On peut ainsi répondre aux besoins du plus petit tout en jouant avec le plus grand, se promener avec un enfant en écharpe, l'autre à la main ou dans une poussette...

Cependant, on a parfois besoin ou envie de porter les deux bébés en même temps et il n'est pas toujours facile de savoir comment s'y prendre.

Quand on vient de donner naissance à des jumeaux, la même problématique se présente : porter l'un après l'autre est bien pratique, cela permet par exemple de n'acheter qu'une poussette simple et de porter un enfant à tour de rôle. Mais parfois, par envie ou parce qu'elle manque de soutien familial ou amical, la mère va porter les deux enfants en même temps.

L'important à retenir, c'est que chaque bébé a besoin d'un soutien individuel et ne doit pas supporter le poids de l'autre. On va donc éviter de porter les deux bébés avec une seule écharpe (ou un seul porte-bébé).

Pour porter deux enfants ensemble, deux types de solutions s'offrent à vous : un de chaque côté ou un devant et un derrière. Les appréciations des parents sont très variables : c'est à vous de décider, selon vos sensations et vos envies, comment vous souhaitez porter vos deux enfants.

Un enfant de chaque côté

Cette solution est très confortable avec des jumeaux de poids équivalents, car le porteur se sent très équilibré. Il y a plusieurs possibilités :

- un enfant en hanche simple, l'autre en sling. On installe d'abord la hanche simple, puis le sling pardessus, en veillant à l'emplacement des anneaux qui ne doivent pas gêner les bébés ;
- certaines mères utilisent aussi le sling avec un kangourou devant ou dans le dos, le temps de descendre leur escalier et d'ouvrir la poussette ou d'installer les enfants dans la voiture. Cela permet de ne pas laisser un enfant seul et de garder les mains libres pour porter le matériel ;
- les deux enfants dans des nouages kangourous sur la hanche, avec deux écharpes de couleurs différentes pour pouvoir se repérer facilement. On va préinstaller les deux écharpes, puis un premier bébé et faire le serrage et nouage, et enfin le second, avec serrage et nouage. Parfois on est obligé de faire un des nœuds devant plutôt que sous les fesses, mais cela ne pose pas de problème.

Dans ces nouages, il est facile d'allaiter les deux bébés en même temps ou non sans rien avoir à défaire.

Un devant, un derrière

Cette méthode est souvent utilisée pour porter deux enfants d'âge rapproché, car cela permet de garder le plus petit devant et de faire monter et descendre le plus grand derrière.

On peut choisir de faire :

- un croisé simple, puis on installe un enfant en kangourou dans le dos, et enfin on installe le plus petit dans la croix ;

De cette façon, l'enfant le plus petit est le moins soutenu. Ce nouage est très pratique pour un portage de courte durée.

- un kangourou devant, puis on installe l'autre enfant dans le dos en kangourou ;

Cette organisation est la plus confortable pour tous les trois, mais l'enfant devant attendre penché pendant l'installation dans le dos, il est donc important de se redresser dès que l'on peut. De cette façon, les deux enfants sont soutenus, accroupis, et le portage peut se réaliser sur une longue durée.

JUSTE POUR UN CÂLIN

À la maternité ou à la maison dans votre canapé, avec une seule écharpe longue, vous pouvez porter vos bébés dans un croisé enveloppé.
On installe un croisé enveloppé avec la croix dans la poche, on met ensuite chaque bébé dans un pan, puis on referme la poche par-dessus.
On peut défaire la poche et, chaque bébé étant dans son hamac, les basculer pour les faire téter sur le côté.

Installés de cette façon, les bébés ne sont pas soutenus au niveau du dos et chacun porte le poids de l'autre : il est donc difficile de marcher ainsi.
En revanche, cela peut être agréable pour faire un câlin après une tétée.
Pour des jumeaux comme pour des enfants rapprochés, faire un câlin à trois est souvent un moment agréable qui permet de tisser des liens fraternels et une source d'énergie pour la maman.

POUR ALLER PLUS LOIN...

Pour contacter les auteures

Cécile Cortet
Masseuse-kinésithérapeute. Praticienne en chaînes musculaires et articulaires GDS. Formatrice
Tél. : 06 62 35 98 23
www.bien-naitre.fr

Céline Guerrand-Frénais
Infirmière diplômée d'État
Consultante en lactation
Formatrice
Tél. : 06 63 55 42 53
http://c.guerrandfrenais.free.fr

Les principaux réseaux de portage

- Association française de portage des bébés : www.afpb.fr
- Lana : www.portersonenfant-toutunart.fr
- Peau à Peau : www.peau-a-peau.be

Sites de référence sur le portage

- AFPB Association française de portage des bébés : www.afpb.fr
- Peau à Peau : www.peau-a-peau.be
- Porter son bébé : www.portersonbebe.com
- Porter son enfant : www.portersonenfant.fr
- Un bébé au naturel : www.bebenaturel.info

Quelques écharpes de portage de qualité

- Didymos : www.didymos.de/francais/index.php
- Hoppediz : www.hoppediz.de
- Kubeba : www.kubeba.com
- Lana : babytragen.ch
- Néobulle : www.neobulle.com
- Storchenwiege : www.storchenwiege.fr

Quelques slings de portage de qualité

- Babylonia BBsling : www.babylonia.be
- Didymos : www.didymos.de/francais/index.php
- Hoppediz : www.hoppediz.de
- Lana : babytragen.ch
- Néobulle : www.neobulle.com
- Storchenwiege : www.storchenwiege.fr

Quelques porte-bébés « prêts-à-porter »

- Bondolino : www.hoppediz.de
- Chinado : www.la-ptite-prairie.com
- Coréanne : www.coreanne.com
- Ergobaby : www.ergobaby.eu
- Manduca : www.manduca.de
- Marsupi : www.wickelkinder.de
- Mei tai : www.meitaibaby.com
- Patapum : www.patapum.com
- Scootababy : www.scootababy.com
- Tonga : www.tonga.fr

Les manteaux de portage

- Mamamanteau et mamaponcho : www.mama-poncho.ch
- Patrons de poncho, bonnet, chaussons bébé Phildar : www.phildar.fr
- Suse's kinder : www.suseskinder.com
- Poncho en polaire, réalisation de Céline Voignier : celine.voignier@free.fr

Informations et soutien

- Sur la césarienne : www.cesarine.org
- Sur la prématurité : www.sosprema.com
- Sur l'allaitement :

ADJ + : www.allaitement-jumeaux.com
Association française des consultants en lactation : www.consultants-lactation.org
Cofam : coordination-allaitement.org
Co-naître : www.co-naitre.net
La Leche League : www.lllfrance.org
PROLACT'IN : www.consultantenlactation.com
Solidarilait : www.solidarilait.org

- Pour les enfants malades et hospitalisés : www.sparadrap.org
- Sur les chaînes musculaires et articulaires GDS : www.methode-gds.com
  www.apgds.com

Modèles de squelette

www.3bscientific.fr

BIBLIOGRAPHIE

Ethnologie et histoire

ADAM E., « De la psychanalyse à la savane. Le bonheur tient-il aux poils ? », *Le Coq-héron*, 2007/1, n° 188, p. 122-126.

ALEXANDRE-BIDON D. ET LETT D., *Les Enfants au Moyen Âge*, Hachette, Paris, 2004.

ARIÈS Ph., *L'Enfant et la vie familiale sous l'Ancien Régime*, Seuil, Paris, 1975.

BARTOLI L., *Venir au monde*, Petite Bibliothèque Payot, Paris, 2007.

BONNET D., LE GRAND-SÉBILLE C., *Allaitements en marge*, L'Harmattan, Paris, 2002.

BRAUER G., COPPENS Y., NGABA-WAYE A., BELANGER P., *Notre corps : un musée vivant de l'émergence de l'être humain*, Institut de l'Unesco pour l'éducation, Hambourg. 1997-1999.

BRESC H., CUVILLIER J.-P., FOSSIER R., GUICHARD P., TOUBERT P., *La Famille occidentale au Moyen Âge*, Éditions Complexe, Paris, 2005.

BRIL B., PARRAT-DAYAN S., *Materner. Du premier cri aux premiers pas*, Odile Jacob, Paris, 2008.

DELAISI DE PARSEVAL G. ET LALLEMAND S., *L'Art d'accommoder les bébés*, Seuil, Paris, 1980.

FONTANEL B., D'HARCOURT C., *L'Épopée des bébés. Une histoire des petits d'hommes*, La Martinière, Paris, 2002.

FONTANEL B., D'HARCOURT C., *Bébés du monde*, La Martinière, Paris, 2003.

GUYONVARC'H CH., LE ROUX F., *La Civilisation celtique*, Ouest-France, 2001.

HAMILTON R. W., *Égypte ancienne : civilisation des pharaons*, Parragon, 2008 (trad. de C. Mitjaville).

KNIBIEHLER Y., *La Révolution maternelle depuis 1945*, Perrin. Paris. 1997.

KNIBIEHLER Y., *Histoire des mères et de la maternité en Occident*, PUF, 2e éd., Paris, 2004.

LE GOFF J., *Une histoire du corps au Moyen Âge*, Liana Levi, coll. « Piccolo », 2006.

MOREL M.F., « Histoire de la naissance en France, XIIe-XXe siècle », *Actualité et dossier en santé publique* n° 61-62, décembre 2007-mars 2008.

PATOU-MATHIS M., *Neanderthal : une autre humanité*, Perrin, Paris, 2006.

PICQ P., COPPENS Y., *Aux origines de l'humanité*, t 1 et 2, Fayard, Paris, 2001.

PICQ P., *Nouvelle Histoire de l'Homme*, Perrin, Paris, 2005.

VIGARELLO G., *Histoire des pratiques de santé*, Seuil, coll. « Points Histoire », Paris, 1999.

VIGARELLO G., *Le Propre et le Sale*, Seuil, coll. « Points Histoire », Paris, 2004.

Maternage et attachement

ANAES, *Allaitement maternel. Mise en œuvre et poursuite dans les 6 premiers mois de l'enfant*, 2002.

ANZIEU D., *Le Moi-peau*, Dunod, Paris, 1995.

BADINTER E., *L'Un est l'Autre*, Odile Jacob, Paris, 1986.

BEAUDRY M., CHIASSON S., LAUZIÈRE J., *Biologie de l'allaitement*, Presses de l'Université du Québec, Québec, 2006.

BOWLBY J., *Attachement et perte*, vol. 1, 2 et 3, PUF, Paris, 2002.

CHARPAK N., *Bébés Kangourous, materner autrement*, Odile Jacob, Paris, 2005.

CYRULNIK B., *Sous le signe du lien*, Hachette littérature, Paris. 2002.

EBERT, S., *Geborgen, gehalten, getragen.* Jahresarbeit an der Hebammenschule Univ. Frauenklinik Tübingen, Kurs., 1996-1997.

FIELD T., *Les Bienfaits du toucher*, Payot, Paris, 2003.

GERE C., DOHMEN B., MISPELAERE C., *Trois fées pour un plaidoyer. L'éloge d'une naissance amoureuse et consciente*, Amyris, Bruxelles, 2004.

HUNT J., *La Véritable Nature de l'enfant*, Éditions L'Instant Présent, Breuillet, 2007.

KLAUS M. et Ph., *La Magie du nouveau-né*, Albin Michel, Paris, 2000.

LIEDLOFF J., *Le Concept du continuum. À la recherche du bonheur perdu*, Ambre, Genève, 2006.

MONTAGNER H., *L'Attachement. Les débuts de la tendresse*, Odile Jacob, Paris, 1999.

MONTAGU A., *La Peau et le Toucher*, Seuil, Paris, 1979.

ODENT M., *Le Fermier et l'Accoucheur*, Médicis, Paris, 2004.

OMS, *La Protection thermique du nouveau-né*, guide pratique, 1997.

OMS, *Données scientifiques relatives aux dix conditions pour le succès de l'allaitement*, guide pratique, 1999.

OMS, *La Méthode « mère kangourou »*, guide pratique, 2004.

PRAT R., *Maman-bébé : duo ou duel ?* Érès, Toulouse, 2008.

ROQUES N., *Au sein du monde*, L'Harmattan, Paris, 2003.

UVNÄS MOBERG K., *Ocytocine : l'hormone de l'amour*, Le Souffle d'or. Saint-Étienne, 2006.

Portage

DIDIERJEAN-JOUVEAU C.-S., *Porter bébé. Avantages et bienfaits*, Jouvence, Genève, 2005.

MISPELAERE C., « Le portage du bébé : mode ou facteur de santé ? », conférence pour l'association Peau à Peau.

PRIEUR R., « Des bébés bien portés », *Spirale* n° 46, Érès, Ramonville-Saint-Agne, 2008.

VAN DEN PEEREBOOM I., *Peau à peau. Technique et pratique du portage*, Jouvence, Genève, 2006.

Psychomotricité, anatomie...

ABU AMARA S., LECHEVALLIER J., *La Hanche de l'enfant*, Sauramps Médical, Montpellier, 2008.

AMIEL-TISON C., *Neurologie périnatale*, Masson, 3e éd, Issy-les-Moulineaux, 2005.

BENAVIDES T., *Sémiologie psychomotrice de l'enfant. Deuxième année*. CHU-PS Jussieu. 2002-2003, http://stud.eao.chups.jussieu.fr/polysPSM/psychomot/semioPSMenf/index.html

BUSQUET-VANDERHEYDEN M., *Bébé au cœur de vos mains*, Éditions Busquet, Pau, 2008.

CAMPIGNION P. *Les Chaînes musculaires et articulaires concept GDS. Aspects biomécaniques. Notions de base*, Éditions Philippe Campignion, Camblain-l'Abbé, 2001.

COEMAN A., RAULIER H., DE FRAHAN M., *De la naissance à la marche*, ASBL Étoile de l'herbe, Bruxelles, 2004.

KAHLE W., LEONHARDT H., PLATZER W., *Anatomie. Appareil locomoteur*, Flammarion, Paris, 1998.

LEROI-GOURHAN A., *Le Geste et la Parole*, Albin Michel, Paris, 1964.

LESAGE B., *Éléments théorico-cliniques. Psychomotricité première année*, CHU-PS Jussieu, 2003-2004, http://stud.eao.chups.jussieu.fr/polysPSM/psychomot/danseth/index.html

MARTEL M.-J., MILETTE I., *Les Soins du développement : des soins sur mesure pour le nouveau-né malade ou prématuré*, Éditions de l'Hôpital Sainte-Justine, Montréal, 2006.

PIRET S., BEZIERS M-M., *La Coordination motrice*, Masson et Cie, Paris, 1971.

ROBERT-OUVRAY S., *Intégration motrice et développement psychique*, Desclée de Brouwer. 2e édition révisée, Paris, 2004.

ROBERT-OUVRAY S., « Les sur stimulations sensorielles chez l'enfant », http://s.robertouvray.free.fr/surstimulations.pdf

STRUYF-DENYS G., *Les Chaînes musculaires et articulaires*, ICTGDS, Bruxelles, 1978.

THOMAS N., *Psychomotricité : Développement psychomoteur de l'enfant. Première année*. CHU-PS Jussieu. 2003-2004.

Remerciements

Nos premières pensées vont à nos enfants Ewan, Annabelle, Éloïse et Oriane, qui nous ont permis de découvrir le portage et les joies du maternage.
Nous remercions tout particulièrement nos proches qui nous ont encouragés et soutenus dans l'aventure de ce livre : nos parents qui nous ont montré la voie, nos maris, Huyên et Sylvain qui ont su être là avec patience tout au long de ce travail intense.
Merci également à Alexandrine, Mirjana, Gilles, Michèle, Caroline et sa maman, Sophie, Signe, Guillemette pour leur présence et la richesse de leurs échanges.

Pour leur aide précieuse et les informations qu'ils nous ont apportées, nous tenons tout particulièrement à remercier : **Dominique André**, psychomotricienne, masseuse-kinésithérapeute D.E. et formatrice ; **Lise Bartoli**, psychologue clinicienne, hypnothérapeute, créatrice de l'HypnoNatal® et auteur ; **Blandine Bril**, directrice d'études à l'École des hautes études en sciences sociales et auteur ; **Danièle Bruguière**, formatrice, consultante en lactation IBCLC ; **Stéphane Brunet**, masseur-kinésithérapeute D.E. et ostéopathe D.O. ; **Rémy Colbère**, ostéopathe D.O. ; **Yves Coppens**, paléoanthropologue, professeur au Collège de France et auteur ; **Marie-Thérèse Marcel**, puéricultrice D.E., conseillère en portage AFPB et présidente de l'association Naître et bien-être (91) ; **Laure Marchand-Lucas**, médecin, formatrice, consultante en lactation IBCLC ; **Catherine Maupas**, masseuse-kinésithérapeute D.E., auteur et formatrice ; **Christiane Mispelaere**, sage-femme, haptonome, psychothérapeute, enseignante et auteur ; **Laurence Siesling**, sage-femme ; **Laurence Tholozan**, sage-femme et consultante en lactation IBCLC ; **Bernard Valentin**, masseur-kinésithérapeute D.E., microkinésithérapeute, formateur et auteur ; **Joëlle Van Nieuwenhuyze**, masseuse-kinésithérapeute D.E., formatrice ; **Chantal Verdière**, sage-femme, haptonome, psychophoniste co-fondatrice du chant prénatal avec Marie-Louise Aucher et formatrice.

Pour leur participation enthousiaste aux photographies, nous remercions : Adèle (7 mois et demi) et sa maman ; Ayronn (1 mois) et sa maman ; Chiara (1 mois) et sa maman ; Eliott (2 mois et demi) et sa maman ; Élyne (6 mois) et sa maman ; Emma (3 semaines) et ses parents ; Louise (22 mois) et sa maman ; Maëlle (3 ans) et Isaac (15 mois) et leur maman ; Maewenn (4 mois et demi) et sa maman ; Margaux (5 jours) et son papa ; Mila (4 mois) et sa maman ; Sophie.

Merci à Jonathan et Anne-Sophie pour les photos et l'accueil chaleureux.
Merci également à tous ceux qui ont participé de près ou de loin à la réalisation de ce livre.

Anne-Sophie Bost remercie tous les bébés et leurs mamans de s'être prêtés au jeu de la photo et de lui avoir fait confiance !

Conception graphique et réalisation : **Véronique Zonca**

Dessins : **Christian Bourbon**

Photographies : **Anne-Sophie Bost**, excepté :
Pages 9, 39 et 115 : © Céline Guerrand-Frénais. Page 11 : © Costa/Leemage.
Page 12 : © Imagestate/Leemage. Page 13 (gauche) : © National Museum of Antiquities, Leiden, The Netherlands. Page 13 (droite) : © Electa/Leemage. Page 14 : © RMN/Gérard Blot.
Page 15 : © Photo Josse/Leemage. Page 16 : © Costa/Leemage.

Achevé d'imprimer en juillet 2009

Sur les presses de l'Imprimerie Moderne de l'Est

ISBN : 978-2-8307-1121-9

Dépôt légal : août 2009

Imprimé en France